學會精準解夢的第一本書

夢

佛洛二德◆著

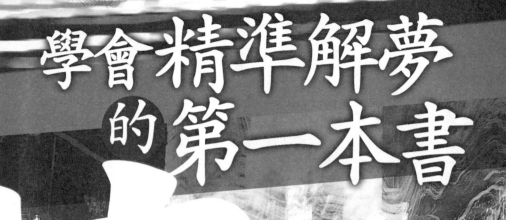

序

所謂的「夢」也者，其成因大致上分爲：

一、「内心所製造出來的夢」。也就是所謂的「日有所思，夜有所夢」。這種夢境不外是描寫「夢者」（作夢者）的内心問題。範圍從各種的記憶，以及跟它連結的各種感情，種種的欲望到衝動，一直到被壓抑的感情，内心的創傷等等，都屬於「内心所製造出來的夢」。

以「内心的夢」來說，在夢境出現的人物、動物、場所、建築物等等，並非表示現實生活中的某一個人，或者場所，而只是作夢者的潛在性欲望，經過「化妝」後顯現出來而已。因此，並沒有什麼特別的涵義。

二、「刺激所導致的夢」。也就是物理或者生理受到刺激而導致的夢。例如——電視的音響進入睡眠者的耳朵裡面，以致夢中出現了某種的畫面；或者聽到

了「鬧鐘」的聲音後，在夢中聽到了教會的鐘聲等等，都是受到外來的刺激而作夢的最好典型。

除此之外，像發高燒而血流變成異常時，那種血流會變成轟然巨響在夢中現；由於毛細管的變化，以致夢到有很多螞蟻在頭皮上爬行；甚至夢中放屁的聲音，會叫人作雷聲轟然的夢等等，這都是內在的刺激所導致的「刺激夢」。

刺激所導致的夢並沒有什麼意義，不過，有時夢者疼痛的刺激會成爲作夢的原因，因此不能忽視。如果重複著作相同「刺激夢」的話，最好去接受醫生的診斷。

三、「預知夢」。第三種夢是所謂的「預知夢」（精神感應夢）。以廣義來看，「內心所製造出來的夢」與「刺激所導致的夢」，都是作夢者內心所製造出來的，但是預知夢就不是。不管從時間或者空間上分析，這是來自跟作夢者毫無因果關係的情報。

嚴格講起來，這種預知夢是一種可以看到未來的夢，所以才稱「精神感應

夢」。

「精神感應的夢」，乃是未來將要發生的事情，原原本本的出現在夢中，這意味著，將來會發生跟夢境一樣的事情。以「自己死亡的夢」來說，通常被解釋爲——自己的內心有「巨大的變化」，以致獲得重生，爲吉夢。但是若就精神感應的夢來說，它就是死亡的預告，因此要特別的注意。不過幸好這種夢極少出現。

而「預知夢」跟其他兩種夢也稍有不同，它往往給予人非常強烈的印象，且夢境異常鮮明、逼眞。正因爲如此，醒過來後，內心常會起伏不已。

此外，預知夢的另一個特徵是，夢的內容不複雜，主題很鮮明，不像其他兩種夢，場面不斷的變化，還偶爾插入荒唐無稽的場面。作預知夢時，由於夢境恐怖又鮮明，作夢的人往往會立刻驚醒，或甚至喊叫起來！作這種夢的人，必須多多注意才是！

目錄

第二章 行動篇

第四章 事件・現象篇

目　錄

目　錄

～11～

第一章 人物篇

嬰兒

嬰兒在夢裡象徵著：(1)巨大的可能性，(2)無力。

如果夢到自己變成嬰兒，那麼(1)的可能性很高。

如果夢到自己的親人、愛人、丈夫或妻子變成嬰兒時，則(2)的可能性很高，也很可能會捲入一場是非，或者挫折裡面，必須特別小心！

・夢到陌生的嬰兒

將發生好事的預兆，計畫會成功。然而，如果嬰兒看起來教人害怕的話，乃是象徵某種的不幸，或者災害即將來臨。

・夢到吃奶的嬰兒

事事順利的發展，預告幸運以及援助。爲吉夢。

・夢到安詳睡覺的嬰兒

這是充滿了可能性的吉夢。

・死嬰，瀕死的嬰兒，瘦巴巴的嬰兒

可能性的芽會被摘掉，表示挫折。必須重新擬定計畫。或者是罹病的預兆。

・哭叫的嬰兒

是某種危險的預告。表示夢者處於無力、需要援助的狀態。

・生下嬰兒

表示新的出發，一切會很順利的進行。爲吉夢。

男人

女性的夢中出現男性，多數象徵著性愛的對象、性的欲望，以及夢者的戀愛觀以及男性觀，必須看那個男性在做什麼，方才能解釋夢的涵義。

被男性追趕、謾罵、打情罵俏、跟男性飲食等等，表示作夢者懷著強烈的性欲望。

至於男性夢到男性的情況，由於夢境的角度、涵義有著千差萬別，因此，必

須由其他的象徵推理，再做結論。

女人

跟前一項「男人」相同。男性夢到女性時，多數象徵著性愛的對象、性的欲望，或者戀愛觀、男性觀等。看看作夢者跟夢中的女性在做些什麼事情，方才能夠解釋夢的涵義。

在夢中跟女性遊樂、到遊樂區散步、坐車子、一塊飲食，這顯然是表示性方面的欲望。至於女性夢到女性，根據夢境的不同，意義方面有著千差萬別，不妨從其他的象徵加以推測。

饑餓的人

象徵作夢者的無止境欲望，以及侵佔欲。

奇形怪狀的人

夢到跟常人不同形象的男女，也就是外表怪異離奇的人物，乃是象徵夢者變化、再生、求變的吉祥夢。怪異的程度越高，作夢者的福分越大。跟夢中的怪人作戰，殺了他的夢，也是吉祥之夢。

醫生

在多數情況下，這象徵著父親，或者一般父親的權威。醫生是治病救人的，同樣的，夢中的醫生也是夢者的拯救者。夢中醫生所說的話，乃是對夢者的忠告、警告，以及打開難關的策略。

・找醫生的夢

表示正在尋求打開難關的策略。如果夢者是男性的話，表示他正在迷惑著——自己應該如何活下去。

・從醫生手中接過藥物

表示已經有了解決策略，運氣已經好轉。

・接受醫生的診察

表示運氣已經好轉。如果在夢裡看到病人的話，是吉兆，表示一切都在好轉。

・受到醫生的責罵

表示跟父親對立，因爲採取跟父親意向相反的行動，心中感到不安。這也表示——你還脫離不了父親的權威影響。

・眼科醫生

表示保持著有關理性、洞察力、判斷力等的課題。

・內科醫生

內臟表示心的內部，因此，這種夢表示——在潛意識中抱持著某種的課題，很可能是內臟有了疾病。

・外科醫生

表示對於現在所抱持的問題，必須毅然的下決斷，快速打開一條解決之道。

殘障的人

表示想法以及生活有著些許的不自由，必須依靠某人。又或者，表示援助者會出現。

夢到嚴重殘障的嬰幼兒的話，表示將會發生叫你煩惱、失望的事情，必須小心防範。

巨人

自己變成巨人的夢，表示作夢者很傲慢，極度地自我膨脹，看不起別人，老想按照自己的意志操縱別人。夢到認識的人變成巨人的話，那表示——你卑屈於他的面前，被他壓倒，或者單單表示這個人物極度的傲慢自大。

賓客

賓客來訪的夢表示孤獨感。自己以客人的身分到某地方的夢，表示將耗費不少的錢財，擔心自己沒有受到周圍人士的重視，或者因處於孤立之下而感到不安。有時，也可能是疼痛要來襲的前兆。

在夢中看到很多客人集合時，暗示著有結婚之類的喜事，或將發生不幸的喪事。至於表示哪一方？就得從整個夢境判斷了。

情人

夢到情人，幾乎都是單純的願望夢而已。還沒有情人的話，則表示求取情人的決心。

你（妳）實際的情人在夢中出現，該夢的主題就是你（妳）現在跟情人的關係。你（妳）可以從夢中情人的行動、言行推測它的涵義。

・你單戀的對象變成情人在夢中出現

你在夢中表示對她的思慕之心。這只是一種渴望之夢，並非暗示對方能夠變成你的情人。

・跟情人快樂地相處

有別離、吵架等的可能性，也表示對情人抱持不安的心、懷疑，或者喪失自信。

・跟情人談情說愛

在夢中實現不能滿足的相思，藉此補償現實生活的孤獨寂寞。有時也表示兩人的關係發生危機。

・與情人發生性關係

暗示兩人之間將有衝突，或者散財，貌合神離。

・跟情人一起飲食

意味著跟情人進行性接觸的願望

·情人變成影星或歌星

內心產生失去情人的不安，方才會作這一類的夢。情人變成影星或歌星，暗示著對方已遙不可及。

·跟情人入水

兩人的情誼會更進一步的發展，或者意味著幸運。水也意味著性方面的關係。

警察

夢中的警察象徵著父親、權威、自我、道德、良心、法律等。這些都會拘束潛意識的欲望，以及衝動。從潛意識的立場看來，警察會成爲敵人，但如果是從具有常識的社會人立場來看的話，警察則是最爲可靠的友人。

因此，警察在夢中出現的話，則表示夢者有意痛改前非，重新規規矩矩的做人。

警察的職責在逮捕犯人，再把他送入牢房，因此也象徵罹病而住院，或者被降職到人生地不熟的異鄉。正因爲如此，必須從兩面推理。如果是預知夢的話，則在暗示將發生某種事件。

・警察來家裡

家象徵著作夢者的內心，或者身體。警察來家裡，則暗示夢者對潛意識中的欲望，或者衝動有所約束。也有可能是即將罹病的預兆。

・警察逮捕作夢的人

作夢者是女性的話，表示她希望男性嚴格的約束她，也暗示她有著強烈的結婚欲望。有時也表示戀父情結。

男性的話，則表示強烈壓制內心的衝動。或者認爲壓制自己是一件很必要的事情。

黑人

象徵強烈的性衝動，以及壯大的男性器。尤其是在女人的夢裡，黑人更象徵著性方面的饑渴。

男性的夢中出現黑人的話，表示他有很可怕的敵人，有時也表示此男性在性方面有著自卑感。

死者

死者在夢中出現，通常具有正反兩種意義。正面的意義爲——幸運、意外之財，以及擺脫困境。反面的意義爲——死亡、罹病，以及意外的災禍。

如果死者爲血親或熟人的話，正反的意義都有可能。如果死者是陌生人，那必定是具有正面的意義，也就是所謂的吉夢。因爲這種夢表示，你的惡運已去，將重新過著無憂無慮的日子。

至於夢到死去的親人或者熟人的話，就可能是預知夢。因此，這種夢必須愼重的解釋。最好注意死者在夢中所說的話，以及他所拿的東西、舉止行動。

·死去的親人或熟人在招手

夢者的生命力有變弱的可能性，或者在暗示死亡，必須特別的注意。

·跟死去的親人或熟人渡河

暗示著將罹病或者死亡。如果在半途折回的話，就可以免除。

·跟死去的人談笑

有意料不到的好事發生，或者獲得意外之財，或者在生意方面大賺一票。

·擁抱死去的人

願望能夠實現，境遇能夠好轉，或者意味著意識變化的吉夢。夢中的死者越腐臭越吉祥。

·死去的人復活

很可能會發生某種棘手的問題。本來已經解決了的事情，仍然拖著尾巴，叫人感到頭疼萬分！

·死者進入家裡

暗示能夠獲得意想不到的利益，或得到意外之財。

・自己死亡

暗示著幸運、長壽、獲得財產，或者戀愛成功。

・看到死者可怕的面孔

這是死者對夢者的行動、想法、健康等發出警告，必須好好的思考一下。

・被死者毆打、責罵

表示幸運、長壽、可以獲得財產。夢者被打得越厲害，越是吉祥。

娼婦

夢者是男性的話，表示跟配偶以外的女人性交過度。或是性欲的處理不當，對性病感到不安。

情人或者妻子變成娼婦的事，表示夢者想隨自己的意思擺佈她，或者對她婚前的男友表示嫉妒，也可能在懷疑妻子紅杏出牆。

女人夢到娼婦的話，表示對性的憧憬與不安，也象徵著她想跟多數男人性交的願望。

和尚・尼姑

在一般概念中，和尚與尼姑象徵佛事、涉及死亡的各種事情，以及憂鬱。不過，有時也象徵精神方面的援助，以及一些玄學方面的事情。因此，必須仔細的判斷夢的前後。

・和尚或尼姑進入家裡

暗示將發生叫人操心的事情，或者即將罹病。

・自己變成和尚或者尼姑

暗示境遇有變化，疾病將痊癒。

・高僧或者老僧

高僧或老僧表示高德，有智慧，象徵精神方面的援助，也是運氣會好轉的暗

示。

・和尚或者尼姑在唸經

暗示將發生某種叫人煩惱、不吉利，或者涉及死亡的事情。

・跟和尚或尼姑學習唸經

察覺到以前不曾感覺到的事情，並且培養了道德心。

血跡斑斑的人

血跡斑斑的狀態表示開運，能夠獲得很大的利益，重新做人。如果預知夢的話，可能是在暗示災禍，因此必須仔細的分析夢的細節。

被吊起來的人

表示從一種狀態移到另一種狀態（多數爲好的狀態）。被吊的狀態象徵待機。

如果夢到自己在上吊的話，那是吉祥之夢，表示事態逐漸好轉。

盜賊

夢到被盜賊偷去東西，或者被他傷害，乃是吉夢，表示能夠獲利。換句話說，夢中的盜賊意味著帶來好運的人物。

禿頭

完全地禿掉，變成童山濯濯的話，象徵著充滿了精力、生命力，以及強大的運勢。如果夢到只有一部分禿掉的人，或者正在變成禿頭的話，那就表示——對自己精力的衰退懷著不安的心態。同時，運勢也有衰退的趨勢，是故，必須多多注意。

夢到自己變成禿頭的話，表示不敢面對現實，也不敢說出眞正的肺腑之言。

新娘或新郎

已婚的人夢到自己變成新郎或者新娘的場合，暗示他（她）的配偶或者子女會發生不幸，或者發生悲哀的事情。這是非常不吉祥的夢，必須多多注意。

母親

夢到母親具有很廣泛的意義。有時指的是母親本身；有時卻指著所謂的「母性」。

此夢象徵的意義是——(1)夢者正處於需要母親援助或者庇護的狀態（遭受到挫折，感到不安，或者失敗時）。(2)暗示母親成爲作夢者成長的障礙。(3)暗示母親，自己會發生某種的異變等等。

如果頻繁地夢到母親的話，當以(1)的可能性最高。

・對母親撒嬌

表示還沒有斷奶，處處需要母親，或者陷於苦境。

・被母親責罵

這是一種警告夢，表示夢者將引起麻煩或者糾紛。

・母親愁苦著一張臉

這是一種警告之夢，表示將引起疾病或者事端。

・夢到已經亡故的母親

多數屬於所謂的警告夢。夢者的身邊很可能會發生叫人煩惱的事情。至於在警告什麼？必須從夢中母親的言語及態度判斷。

・遭受母親痛打，或被她吞下去

夢者不能離開母親獨立，正在爲此而煩惱。

・喝母親的奶水

是一種幸運的預兆，或者暗示有某方面的援助。

・母親染病

暗示夢者與母親之間會發生煩惱事，或者家族之間會發生糾紛。夢者是女性的話，則表示她拒絕成爲人母。

・母親結婚

象徵母親會生病、死亡，或者家族離散。是凶夢，必須多多注意。

父親

有時，直截了當的表示父親。不過，父親也象徵權力、威嚴、嚴格。這種夢的涵義，就要看夢者如何評價父性而定。夢者可以從夢中父親的言行下判斷。

美女或俊男

具有現實感的俊男美女之夢，乃是要發生某種好事的預兆，不過，偏離現實的美女俊男，並非這個世界的人，而是死神的同夥。

正因爲如此，夢到從他（她）們手裡接到某種東西，或者跟他（她）們到某種地方時，就得注意疾病以及災禍的臨身，甚至會導致死亡，是一種凶夢。

夢到自己變成俊男美女時，必須特別小心，要防範災禍、傷害臨身。

病人

·病人更換衣服

病人換穿白衣、黑衣都不吉祥，表示夢者正處於極爲危險的狀況。

·病人脫掉身上的衣服

極凶的夢，暗示死亡。

·病人搭乘車船、飛機等交通工具

都在暗示要到某一個地方，這個地方就是冥界。

·病人撐傘

暗示死亡。撐黑傘更凶。

·病人痊癒回家

多數爲死亡後回家的暗示。

·探望病人

是吉夢，表示病人逐漸的在復元。

流氓

(1)這是夢者被壓抑的想法，藉著流氓等的姿態在夢中出現，表示出夢者的不滿。

(2)女性作這種夢的話，表示她對男性抱持著否定性的感情，或者在表現一種「希望男性強暴她」的欲求。

郵差

暗示將有某種訊息。如果是在熱戀中的男女夢到「郵差」的話，則表示對戀愛的發展感到非常的不安。

老人

老人象徵內心世界的睿智，以及心靈世界的指導者。在夢中出現的老人如果長相端正，慈祥中不失威嚴，充滿神秘氣氛的話，那就表示夢者的睿智以及心靈，已經到了接受啓發的時候了。夢者最好仔細的想想夢中老人的言行態度，因爲他就是來點化引導的人。夢者最好遵從他的指示及忠告。

兄弟姊妹

兄弟姊妹象徵著夢者的分身，夢者所未察覺到的不良性格，以及死對頭、敵人、援助者等。總而言之，夢到兄弟姊妹，也就是要求「自我糾正」的夢。

・跟同性的兄弟姊妹吵架

表示正處於想克服自己陋習的狀態。問題會很快的解決，運氣也會跟著好轉。屬於吉夢。

・兄弟姊妹之死

表示正想打敗勁敵或者對手。不過，事情會發展到對夢者不利的方向。

・與兄弟姊妹遊玩

性方面的欲求很高，但是找不到宣洩口。有時也象徵著自慰的行爲。

・兄弟姊妹集合在家裡

家族或者父母有發生不幸的可能。

・兄弟姊妹結婚

暗示夢者的身上會發生不吉利，或者叫人感到傷心的事情。

孩子（兒子、女兒）

這種夢象徵著很多的事情。已有子女的已婚者，夢見自己的子女，往往是所謂的預知夢。這是因爲親子之間的精神感應，比起跟其他人的感應要來得強烈的緣故。

沒有子女的單身者夢到孩子，不外是象徵著他充滿了孩子氣，或是象徵著他還有發展的可能性。有時，也象徵著他的性器。

・孩子遭遇到災禍，或者生病

夢到自己子女遭遇到災禍，乃是他們實際上將碰到災禍或生病的前兆。另外，也可能是他們在精神方面出了問題。最好迅速跟他連絡，幫助他解決問題。

單身者作這種夢，表示某方面的發展已經停止，或者到處碰壁。

・孩子死亡

如果是夢到自己的子女死亡的話，那表示——有關子女的煩人事情會消失，或者表示有某種喜事，乃是一種吉祥夢。不過，也有少許告知子女將死亡的預知夢，非得特別小心不可（在這種場合，夢境非常的逼眞）。

單身者作這種夢時，表示可以更進一步成長，或者意味著境遇一新。

・成年人變成小孩子

如果夢到自己的子女（已經成年者）變成小孩子的話，意味著孩子陷入苦

境。如果變成幼兒的話，表示無力。

單身者作這種夢，表示在後退，不想面對現實，或者陷入苦境。

・跟孩子遊玩

夢到跟自己子女遊玩，很可能是這個子女陷入苦境。

單身者作這種夢，表示自慰過度，或者對社會的人際關係感到疲倦，很想再返回孩童時代。

・很多孩子集合在一起

暗示將發生悲哀的事情，或者不幸的事情。

・毆打小孩子

如果在夢中打自己子女的話，表示必須注意這個孩子的生活。單身者則是自慰行爲的象徵。

肖像畫・照片

肖像畫或者照片都代表照片裡的人物。這種肖像或者照片在夢中如何的被處置，將是判斷吉夢或凶夢的關鍵。以預知夢來說，遺像往往暗示死亡。

・看到自己的肖像

在夢中看到自己昔日的肖像，表示你對那個時代的自己最爲留念。看到肖像而若有所思的話，表示你最擔心的問題就要解決了。肖像極端的瘦削，或者極端的癡肥，或者變成異常狀態的話，就在暗示著災害或者疾病將來臨，必須特別的注意。

・看到子女的肖像

暗示子女會發生叫人感到煩惱的事情。

・看到陌生人的肖像

陌生人的肖像表示，夢者的內心有著一種他還未察覺到的感情。那種感情所以變成肖像，不外乎要夢者察覺到那一種感情。

・肖像有著黑色的框

如果是預知夢的話，不外在暗示著死亡。如果是象徵夢的話，表示夢者欲把那個人物排除在他的視界之外，或者有這種願望。

祖父‧祖母

祖父母是你的根源，也是你的守護者，同時也象徵你的良心、道德心，並且表示宗教方面的價值。

當你感到迷惑，不知何去何從，暴露於某種危險之下，內心感到苦惱，誤踏入邪路時，祖父母往往會在你的夢中出現，並且指點你，給你忠告。是故，對於這種夢必須特別的注意。

‧亡故的祖父母頻繁地在夢中出現

祖父母所以時時在你的夢中出現，乃是想指點你。至於指點的內容，必須從當時祖父母的態度、表情，以及言語判斷。不過絕大多數，乃是要向你指點災難，或者不幸的意外事件。

・進入祖父母的房子

表示再度找回眞正的自己，腳踏實地的奮鬥下去。

・面帶憂色的祖父母

表示夢者的身邊會發生異變或者災難，必須特別注意。

・面帶喜色的祖父母

會發生某種叫人感到高興的事情。如果祖父母看起來很高興，只是要帶你到某種地方的夢，往往在暗示死亡，必須特別注意。

・祖父母默默地在做事

在忠告你，重新估計一下良心與道德的價値，並且檢討一下現在的生活方式。

・跟祖父母坐在餐桌邊

表示有著祖父母的守護，也暗示著長壽與健康。

・祖父母在大箱子裡面

死亡或是誕生的象徵。因爲箱子代表子宮。

第二章 行動篇

飛翔

對性方面以及能力感到自卑的一種反射作用。內心有著超越別人的願望，方才會作這種夢。也意味著性方面的快感，或想從壓力獲得解放，不願意被現狀所控制、逃避等等。

有時，暗示心臟有疾病或異狀，因爲一心想從胸口悶痛獲得解放，所以才會作飛翔的夢，必須多多的留意。

・在空中晃來晃去

表示不安定的自我以及強烈的逃避欲望。原因是生活不安定。有時也表示心臟有毛病。

・變成蝴蝶在飛來飛去

象徵著性方面的渴求。有時爲死亡的暗示，必須注意。

・飛於半空中，從上面看著地上的人群

希望自己比別人優秀，並且有支配他人的野心。不過在背後，老是存在著一股抹不掉的自卑感。

・飛越某種東西

飛越圍牆的夢，象徵著克服障礙。也暗示著越過界線，由朋友的關係，發展到男女的關係。

到遠處

當有人在你夢裡出現，對你說「我要到遙遠的地方」時，表示他的居處（或者工作、境遇、地位等）就要改變。

預知夢的話，意味著「從這個世界」到「死後的世界」，請特別注意。

失去東西

失去了某種東西的夢，不外乎表示：(1)不想看到那東西，(2)一直想把那東西

扔掉，或者(3)意味著內心的迷惘。

例如，一個已經超過結婚年齡的人作了「失去戒指的夢」，這個人必定是不想結婚，認爲結婚等於在綑綁自己，於是拚命的把「結婚」這兩個字趕出自己的意識，因此才會作那種「失去戒指的事」。

如果夫婦間不和睦而作了這種夢，那麼，想解除婚姻的念頭，就會以失掉戒指的夢被表現出來。因爲，當事者認爲拋棄戒指會對不起他的良心，所以利用「失去」的方式來減輕內心的負擔。這是根據(2)的解釋法。

哭泣

夢到哭泣的行爲是歡喜的表現。流出的眼淚，象徵著內心的問題已經溶化掉。冰雪溶化後，春天就會到來。同樣的，在內心深處凝固的煩惱事一旦消解，就會以淚水的方式流出來，事態自然就會好轉。

但是，預知夢的場合，將有如夢境一般，叫人悲嘆的事態就會來臨。

・流淚

表示——內心的苦痛、疾病，現實生活的障礙會被排除。或者在暗示，有喜事要來臨。

・大聲哭泣

暗示陳年的煩惱事就要解決。哭泣越激烈，喜事越大。

・有人從遠方來拜訪時哭泣

預知夢的可能性很高，你的身邊可能有人會死亡。

打人・被打

打人或者被打的行爲，在夢中表示親愛、愛情，以及好意（有時帶著性方面的意義）。因此，可說在暗示幸運、成功、獲利等的吉祥之夢。至於獲利的程度嘛，比起打人來，被打的那一方獲利比較多。

・打人

在夢中出手打某人時，表示你對那人有著愛情的憧憬，也暗示你的戀愛會成功。已婚者表示夫婦間會很圓滿，家庭會欣欣向榮。有時也表示能夠獲利。

・被人打

意想不到的福運，也表示有人會向你求愛。如果這個人是你認識的人，表示你渴望著他的愛。

・打異性

表示求愛。或者你（妳）對她（他）具有一種性方面的欲望。男性在夢中打女性的話，表示對那女性抱持著強烈的愛情。女性被男性打，乃是結婚、戀愛的預兆。女性打男性的場合也一樣。

入浴

表示你的生活或者想法，或者肉體有一些「必須洗掉的東西」。有時把SEX視爲不乾淨，或者在過度自慰後，內心感到自己「齷齪」時，也會作這種夢。

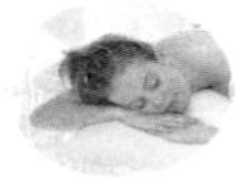

在預知夢方面，入浴跟擦洗與死者有關連，因此有時也象徵死亡。

・進入浴缸裡擦洗身體

表示淨化與再生，疾病被治癒的前兆。但是，如果是病人在洗澡的話，也有預告死亡的可能。

・穿著衣服入浴

穿著衣服根本就無法洗淨身體。換句話說，不能達到淨化、再生，或是治好疾病的目的。

・洗滌手腳

有一些必須淨化的事情。暗示慢性病將被治癒。

妊娠

奠定了可能性，充分被準備的事情已經成熟，表示可以獲得好結果。極少意味著實際的妊娠，以及生產。

・自己妊娠

不久後，喜事會到來。

・看到妊婦

幸運的前兆。

・男性妊娠

暗示能夠在金錢方面獲利。

縫紉

縫紉乃至編織都表示ＳＥＸ以及自慰。

・縫製新衣服

暗示轉職、結婚等新的出發。

・翻新舊衣服

暗示不改變一向的生活方式以及想法。

・縫紉黑衣、白衣

近親很可能會發生不幸，請多多注意。

脫衣

在預知夢方面，脫衣服暗示這個人的境遇（多數往壞的方面）就要改變。有時也象徵著——脫掉陳舊的自己，變成嶄新的自己。在睡覺時，膀胱脹得滿滿時，也會作脫衣服的夢。

睡眠

夢中的睡眠，表示夢者的一部分能力以及心靈睡著了。同時，睡眠有時也表示永眠（死亡），要多多的注意。而且，根據不同的睡者，涵義也會跟著不同。

・自己在睡覺

表示你對其一件事情閉起眼睛，也就是在逃避現實。

如果是預知夢的話，則可能在預告有事端或者危機。

·某一個人在睡覺

這個在睡覺的人身上會發生麻煩的事情。呼叫他，他沒有回應的話，更要特別的注意。

·異性在睡覺

戀愛的機會就快到來了。

對罵

彼此對罵、有如連珠炮似的罵對方、爭論，全都屬於吉祥夢。如果在夢中跟你對罵的人，是你所認識，但是相處一向很不融洽的人，作了這種夢以後，你跟他的關係就會好轉，而且能從他那兒獲得好處。

這種夢，必須看看是你先發怒大罵對方，或者對方先發脾氣罵你。因爲兩種情況的涵義不同。如果是你先罵人的話，你會給對方帶來好處；如果是對方先罵

你的話，他會給你帶來好處。

但不管是哪一種情形，對罵越激烈，所帶來的喜事也越大。

上去・下來

恰如男人的陽具勃起一般，「往上爬」的行爲，表示充實的精力以及野心，也象徵旺盛的生命力，運氣的上升，以及征服的欲望等。「下來」的行爲，不外表示精力、生命力等都衰退了。是故，「上去的夢」一般被認爲是吉夢，而「下來的夢」則被解釋爲凶夢。

「上去之夢」表示意識化，「下來之夢」象徵著下降到潛意識的階段等等。

・爬上天

暗示立身、富貴，獲得良好的伴侶。自以爲很優秀的人作這種夢，則表示精神方面有危機，將有孤立的危險。

・從天上下降

暗示運氣下降。不過，感覺到帶著某種使命下降的夢，則表示在現實生活裡能獲得成功。

・登到山頂

這是暗示願望、目的達成的吉夢。但是爬到山頂後又往下看，或者認爲不快點下去不可的話，則表示運氣、精力的衰退，是凶夢。爬到山頂後感到不安時，也具有相同的涵義。

・沒辦法爬上山頂

此種夢暗示著重重的障礙、挫折，以及他人的妨礙。

・搭著電梯到山頂

乃是想跟異性ＳＥＸ的願望。時常作這種夢的話，表示欲求不能獲得滿足。

・有某種事情，下了樓梯，想到下層的房子

逢到欲把硬直的想法、生活態度、意識等柔軟化時，往往會作這種夢。在這種場合之下，在夢境裡，多多少少會有不安的感覺。

「下層的房子」爲潛意識、靈感、感情、本能等的象徵。

如果是預知夢的話，「下層」象徵死亡的世界（地底的冥界）。

騎乘

在多次的場合裡的「騎乘」爲ＳＥＸ的象徵。不過，這也要看騎什麼才能下決定。

・騎著動物

想駕馭此動物所指涉的人物，有時也暗示——必須控制動物所暗示的本能之欲求。

奔跑

暗示能夠迅速的到達目標。至於是吉？是凶？那就要看所處的狀況才能決定。例如——抱持著某種課題的人，在奔跑時，獲得某種好東西的話，這就成了

達成目的之吉夢。

如果重病的人作了奔跑的夢，又想到某地方時，那表示病情會再惡化，甚至死亡。

・奔跑著到達目的地

目的地也就是成果，這是達成目的之吉夢。

・一心奔跑，但是到達不了目的地

暗示著方針、方向、手段等，產生了錯誤。因此，不管跑得再怎麼快，也到達不了目的地。

裸體

象徵著保護你，或者你可以依靠的人物已經不存在。有時也暗示，你一直隱藏的事情會暴露出來，或者碰到非常難爲情的局面。

如果在你夢中出現的人物，光著身子完全不穿衣服，這個人在不久後就會陷

入苦境。

感到羞恥

在夢中感到羞恥，表示不久後將有喜事來臨，或者事情進行得很順利，獲得別人的好評與稱讚。在夢中感到羞恥的程度越強烈，所獲得的喜悅也越大。

跟人交談

夢中跟某人交談，暗示你將跟這個人對立，發生糾紛、爭執，或者跟他生離死別。如果是跟配偶交談的夢，暗示著夫婦就要大吵一架，或者別離。

犯罪與刑罰

在夢到各種的犯罪之中，涉及殺傷的犯罪爲吉夢。同時，有關盜難的夢也是吉夢，暗示你能夠獲得某種的東西，以及處理掉你所不要的東西。

又如，在夢中你因犯罪而被處罰的場合，則暗示你長年以來的欲望能夠變成現實。夢中的「接受處罰」，也正是現實生活中的「獲得名譽，以及利益」。

・遭遇到盜難

暗示有意想不到的收入，陳年老病會痊癒，生意方面能夠賺一大筆錢。

・遭受到強盜的襲擊

暗示有錢財方面的收益，幸運會進門。如果是女性作這種夢的話，表示對SEX有著不安感，或者有一種被強暴的願望。

・犯罪的人逃掉

表示問題能獲得解決，疾病會痊癒。

・被警方逮捕

被綁起來或扣上手銬的夢，暗示著將能夠獲得名譽、好評，以及飛黃騰達。不過在預知夢的場合，則意味著被捲入犯罪，被收押。

・被逮捕，接受拷問

衣食方面會變成豐饒，有時是涉及SEX的夢。

・接受懲罰

不久後，就會有幸運來臨。

・接受死刑

意味著將大幅度的開運。但如果夢到死刑被中止，則表示還沒到那個時候。

・觀看犯罪的現場

象徵著夢者想參加非道德的行動。預知夢的話，則是在警告別引起犯罪的行為。

笑

在夢中的笑，意味著悲劇、絕望，以及落魄。跟悲嘆與眼淚表示喜悅，剛好相反。

・自己在笑

意味著將發生某種叫人感到悲哀的事情，或者表示對人生感到絕望、悲哀。

・親人或者熟人在笑

在夢中笑的人，他們身上將發生悲哀的事情。

・已經亡故的人在笑

唯有這是喜夢，暗示將有叫人高興的訊息。作夢者因某種疾病而苦惱的話，疾病很快就會痊癒。

・跟某人在談笑

如果你在夢中談笑的對象是熟人的話，不久後，你就會跟他發生衝突、吵架，或者對立。如果是陌生人的話，夢者的身上就會發生叫人煩惱的事情。

呼叫

你在呼叫重要人物的名字，表示那個人的身上將發生很大的危機。如果這一場夢很鮮明、很生動、很富臨場感的話，則很可能是預知夢，或者是心電感應。

你最好火速跟那個人連絡。

如果夢到有人在呼叫你的名字，很有可能是呼叫的人正要求你的搭救，或是在對你發出某種嚴重警告。

以象徵夢來說，在夢中呼叫別人的名字，表示你在誇耀自己的優越，或者你有這種的願望。至於在夢中呼叫異性的名字，則表示對那異性有支配的欲望。

渡河

表示從一個狀態轉移轉移到另外一個狀態。對於這一種的夢，必須分析狀況才能夠斷吉凶。不過，走過橋樑、坐船渡過河等的夢，往往是涉及生死的重要預知夢，要特別注意。

流水

在夢中看到河流、流沙、海流等的「流動之物」，表示自己的人生處於不安

定（流動）的困難狀態。同時，水流也象徵著人生。

・被流水沖走

暗示在跟自己的意志無關係之下，被捲入了某種事情，也在表示夢者的將來有著重重的困難。看到某一個人被流水沖走的話，表示那個人的身邊將發生事端，或者麻煩的事情，或者會生病。

・逆流而上

表示跟逆境戰鬥。雖然逆流而上，如果在中途又被沖走的話，表示境遇會惡化，困難的程度會增加。如果病人作這種夢的話，更要特別的注意。

第二章　動植物篇

螞蟻

象徵在不知不覺間腐蝕事物的力量、人物，以及工作。同時也可能是來自肉體求救的刺激夢。在刺激夢的前提下，可能是自律神經失調、手足麻痺等，跟身體的不舒適有關連。

・看到螞蟻

在象徵夢方面，表示有一種被某東西腐蝕的不安。在預知夢方面，則是已經被腐蝕的警告。病人作了這種夢以後要更加警戒。另外，也是貧困、艱難的暗示。

・螞蟻進入房子裡面

房子是內心、肉體的象徵，如今正在被腐蝕著。這並非只是夢者個人的事情而已，家人也必須注意。

・螞蟻從巢穴或者房子出去

暗示同居人會離開家，或者同居人正想著離開家。如果是預知夢的話，可能在暗示荒廢或者死亡。

・螞蟻爬進耳朵、鼻子、嘴巴，或者在身上爬

必須注意疾病。如果重複作這種夢的話，很可能是提醒你身體有異變，最好給醫生診察一次。

狗

狗兒叫人聯想到忠誠、誠實，以及義氣。不過，狗兒在夢境裡出現時則象徵(1)佣人、部屬，(2)吵架、爭鬥，(3)起鬨等。

如果是預知夢的話，則爲災禍、疾病等的警告。

・與狗兒糾纏在一起、被咬、被追

暗示部屬、後輩、友人等的中傷、離開、背叛，以及心理方面的攻擊。或者暗示夢者氣力的衰退，罹患疾病。女性作做這種夢，則可能會受到男性強暴。

・狗兒說話

表示本來對你不敢經易開口的下屬，說了一些不利於你的話。也暗示跟別人吵架、爭論、對立等。

・狗兒彼此在打架

暗示跟一些不和睦的人對立、爭鬥、發生衝突。

・狗兒在庭園挖土，被狗兒救助

暗示援助者就要出現，或有幸運就要來臨。

・自己變成狗兒，進入狗窩

暗示夢者變成跟狗兒一樣，對某些人低三下四，而且行爲及想法變成下流。進入狗窩的涵義也一樣。這種夢也在要求你改善現狀。

・看到黑狗

在預知夢裡，黑狗象徵疾病、死亡，也意味著惡魔似的誘惑。

・看到白狗

象徵對你有正面影響的好友會出現，並且援助你。

豬

象徵攻擊、破壞性的衝動、強烈的欲望。

・遭受到豬的襲擊

暗示被無法抵抗的衝動所驅策。

・抓豬

表示必須控制本能，或者已經控制了本能。

・殺豬

因爲過度抑制自己，反而招致惡劣的狀況。

兔子

相傳兔子爲月之精，古老的傳說云——月裡的兔子能使地上的母兔受孕。正因爲如此，夢中的兔子暗示妊娠、生產，以及多產。轉而意味著事物的成就。

兔子群起遊戲，或兔子群起昇天的夢，均是表示有喜事的吉祥夢。有時也暗示迅速蹦跳的精神作用。

牛

牛兒意味著財產。因牛往昔是貴族的坐騎，也被看成是權威、榮譽的象徵。

・飼養很多牛

預知夢方面，象徵財產的獲得，工作的成功。象徵夢方面，則必須基於個人對牛兒的想法進行解釋。例如，暗示著某一個像牛的人，或者意味著某人有很多的女兒等等，可依個人而有不同的解釋。

・母牛生小牛

表示財產會增加，或者能夠獲得巨大的利益。

・肥壯的牛兒到家裡

機會到來，能夠獲得意想不到的利益。

・牽牛到山頂

在夢中，山暗示人生的目標、課題；牛象徵榮譽。因此，牽牛到山頂表示事業成功，在人生戰場上獲勝。

・牛兒擋住去路

暗示努力的目標錯誤，必須重新思考。

・牛兒死去

表示坐失成功的機會，或者失去財產。

馬

在夢中，馬兒象徵苛酷的勞動、肉體的疲勞、激烈的性需求，或者男性的情侶。不管是吉？是凶？都象徵著會突然失去某種東西，或者突然的獲得某種東西。

在預知夢方面，則意味著有一陣強大的力量逼過來，叫夢者無法抵抗。

・騎上馬背

坐在馬鞍上面，馬兒輕快地疾馳，表示願望會達成。上班族的話，將會節節高陞。這是吉祥之夢。但如果坐在沒有鞍的馬背上，馬兒危危顫顫地奔馳的話，表示會損失東西。商人的話，表示生意上會蒙受損失，如果是玩股票的話，表示股價會下跌。不過，如果能夠適度地控制，就不至於損失太多，可能還會獲利。

・騎著漂亮的天馬昇天

象徵夢者充滿了鬥志，正朝向目標勇猛的前進，而且，可由此提高地位，以及獲得良好的成果。如果是女性作這種夢的話，表示能獲得良緣。

・疲倦的馬兒、瘦弱的馬兒、馱重物的馬兒

暗示夢者身心俱疲，精力衰退，以及運氣惡化。有時也在訓誡別貪多。

・馬兒馱著金錢或者道具

表示夢者抱持著很重大的問題，並且在警告，別貪圖自己能力所不能及的東西。

・騎著悍馬

如果男性作這種夢，表示欲征服某一個女性，或者希望有激烈的性生活。女性作這種夢的話，表示渴望著新的戀愛對象出現。

・被悍馬所襲擊，或者踐踏

表示夢者被自己無法控制的激情所翻弄著。女性作這種夢，表示受到男性的脅迫，而跟他發生性關係。

・群馬疾走，馬兒彼此在打架

表示夢者內心有無法消除的煩惱，或者某種的糾葛，以及無法處理的感情問題。

・騎白馬

爲飛黃騰達、幸運、開運的預兆。不過，身體狀況不良，或者病人在作這種夢以後，病狀很可能會惡化。

・黑馬進入屋裡

屋子象徵夢者的內心，或者肉體。進入那兒的黑馬不外是象徵災禍、不幸，

或者疾病，必須特別注意。

・老鼠跑到馬兒旁邊

表示夢者本身或者屋子會遭受損傷，或者進入窮困的境地。

・從馬背上跌下來

暗示失敗、困境，或者災禍。

青蛙

在預知夢的場合，表示很大的利益，好運接連而至。如果是象徵夢的話，不外是象徵一連串的變化（青蛙由卵變成蝌蚪，再變成青蛙），或者是內臟有某種的變化。

自己變化成青蛙的夢，意味著受到妻子的束縛，以致不能爲所欲爲的狀態。

・抓住青蛙

暗示生意成功，獲得利益。

・殺青蛙

暗示損失、散財、失敗。

・吃青蛙

有暗示利益的場合，以及罷病的場合。或者在表示，夢者想克服自己的某一種惡癖。

螃蟹

在夢中，螃蟹被解釋爲ＳＥＸ，或者性高潮的夢。在性交的結果，性的高潮必定會來臨，因此，螃蟹也跟妊娠、生產連結起來。

狐狸

象徵狡黠、僞善，以及計策。夢中出現狐狸的話，在負面的人際關係上要多多的注意。在生意方面跟對方訂有契約的話，更要愼重。

若是女性作這種夢，狐狸是表示性的誘惑。

水果

象徵有關性方面，或者有關健康方面的事情。病人夢到吃水果的話，病情很可能會惡化，必須多多的注意。

．進入果樹園

看到很多果樹結滿果實的話，表示不久後，能夠獲得一大筆利益。如果夢到刮風，水果掉落地面的話，那就表示不管做什麼事情，都徒勞無功。

．果實成熟

要看果實有多少，如果成熟的果實很多的話，無疑的是吉夢；如果果實並不成熟又少的話，就是凶夢。

．甜的果實，苦的果實

甜的果實暗示愉快的經驗（往往是指性方面），苦澀的果實暗示不愉快的經

驗。

・吃未熟的果實

暗示疾病，必須特別的注意。

・蟲兒吃過的果實

暗示沒有任何的好處，不管做什麼事情都不會成功。

或者在象徵一個荒淫的女性，蟲兒吃過的果實，象徵她跟很多男人接觸（發生肉體關係）過。

・草莓

象徵著對戀愛的期待感，甜蜜的接吻，或者ＥＳＸ的冒險。

・瓜

瓜苗長出瓜藤的話，暗示情人或者妻子會惹來麻煩的事情。吃瓜的夢，表示家族將有人生病，必須特別的注意。

・柿子

象徵疾病。成熟而充滿了水分的柿子，暗示著有關水方面的災害。

·栗子

象徵到遠方旅行。吃栗子的夢，暗示將跟家族分離。

爬上栗樹的夢，表示升官或者發財。

·核桃

苦澀、裡面被蟲兒吃過的核桃，象徵著幻滅、恥辱、困難等。

·番石榴

夢者本人，或者家族會發生麻煩棘手的事情。尤其是啃食未成熟的番石榴，更凶。

·西瓜

必須特別注意健康，尤其是涉及水分代謝的腎臟部分，必須特別的留意。

·棗子與梨子

棗子結很多的夢，暗示妊娠，子女容易養育，將來會成大器。吃梨的夢暗示

分離、損失、困境。

・葡萄

暗示事物會順利進行。不過，切開葡萄串的話，則暗示親子的別離。

・柑橘類

暗示會發生叫人感到麻煩的事情，有時也是妊娠的象徵。檸檬則是暗示ＳＥＸ方面的冒險。

・桃子，李子

注意跟他人發生的糾紛，有時也涉及性方面，因爲桃子象徵著臀部。在夢中拿著形狀漂亮的桃子，表示能夠娶得一個好妻子。

・蘋果

成熟的蘋果暗示有喜事，有時也意味著ＳＥＸ方面的滿足。青色蘋果則表示未成熟的性，或者是苦澀的經驗、失敗等。

熊

夢中的熊象徵母性，因此，象徵著母親，或來自母親的壓力，也表示妊娠、權威，或者權力。

・夢到大熊及小熊

已婚者夢到熊，表示妊娠。未婚女性的話，表示期待成爲人母，但是有些許的不安。

・遭受到熊的襲擊

暗示著夢者想從母親的管束中掙脫出來，或者正在如此做。有時象徵受到權威者的迫害，或者敵視。

・熊在房子裡走來走去

夢中的熊象徵著母親，而屋子爲夢者之心。作此種夢表示母親的壓力及支配力很強烈。

魚

在夢中，魚兒象徵潛意識世界中的想法或感情、願望，以及非解決不可的問題、構想、暗示等。

在海中游來游去的魚表示潛意識的情景，被鉤起來在陸上的魚兒，暗示現實課題的某種事情，或者無法入手的某種利益。

・魚兒不游泳

這種夢暗示夢者正在自我反省。在夢中想抓某一條魚兒的話，表示在不久的將來，就可以施展抱負。如果只是茫然的看著魚兒游泳的話，則表示缺乏自我進入課題的熱情，或者不曾察覺到應該察覺到的問題。

・釣魚

暗示能獲得某種的利益，或者察覺到很重要的問題。

可根據魚的大小以及數目，判斷所能得到東西的多寡。這種夢對投資股票者

有正面的作用。

・小魚

表示期待的成果比你想像中小，或者期待落空，失望、悲哀。

・大魚

能獲得很好的成果、很大的利益。

・被魚兒逃掉

暗示某種的損失，或者虎頭蛇尾。有時也象徵失戀。

・吃魚

暗示戀愛會成功，願望能達成。有時也暗示生產的過程會很順利。

・魚骨哽在喉嚨

暗示很在意某人說出的一句話。如果一直重複著作這種夢的話，很可能是食道部分有了異常，最好去接受醫生的診察。

・魚兒發臭

表示有一個課題必須早一些解決。

・釣鉤

暗示策略，巨大的期待，或者利益。丟掉釣鉤的夢象徵失敗，或者蒙受損失。

・鰻魚

一心想抓鰻魚，但是抓不到的夢，暗示著失敗。如果是抓到的話，那就表示會成功。鰻魚被割開，表示夢者希望自己的勁敵早一點失敗。

・鯨魚

表示有一些與母親相關的棘手問題，或者基於某種原因，對母親又關心、又害怕。如果鯨魚悠然地游在海上，吹著水氣的話，那就是表示——飛黃騰達、開運等的吉祥之夢。

・鯉魚

表示有升職、加薪，或者生產的喜事。如果是死去，或者被煮熟的鯉魚，涵義剛好相反。

・鮭魚

暗示回到原來的地方，象徵著「回歸」。有時也意味著離別、盜難。

・比目魚

暗示著貧困、損失、衰退的運氣。

・章魚，烏賊

這兩種水產物都象徵ＳＥＸ。不是表示性方面的希求，就是有了涉及性方面的問題。例如：對母親以及女性的又愛又怕的複雜感情。

因爲章魚及烏賊都沒有骨頭，所以如果是病人夢到牠們的話，就是象徵著死亡。如果是預知夢的話，則暗示欺詐、損失，必須特別注意。

猴子

以象徵夢來說，猴子象徵人類，或者在暗示人類社會的滑稽、愚昧。有時也在警告夢者未成熟，善於計算，以及過度的自慰。

預知夢的場合，則表示突然會得到利益。

·看到猴子

請注意自己的言行，避免跟別人爭執，或者訴訟。

·某人變成了猴子

表示夢者對這個人抱持著敵意。

·猴子彼此間的爭鬥

警告你別爲了毫無意義的小事，跟他人爭鬥。在夢中，就算你站在旁觀者的立場，你也會以某種的形態參加那種毫無意義的紛爭。

·猴子爬到樹上

在這種場合裡，猴子象徵不曾期待的成果或者利益。

如果猴子從樹上掉下來的話，就不能期待任何的成果。

·在遊玩中的猴子

象徵你過度的自慰，或者從事不怎麼高尙的活動，以致感覺到後悔。

樹木

夢裡的樹木是你自己的化身，也是生命力的象徵。有時也表示你的運氣狀態。

·很茂盛的樹木

表示順利的成長、發展。表示你正處於盛運。

·枯萎的樹木

表示身心的衰退。預知夢則表示精力衰退、疾病、事業失敗。

·枯萎的樹木開花

表示運氣又轉爲良好，自信也恢復，工作與生意的成功，業績的挽回。

·種樹，分株

暗示財產的增加，或者添子添孫。

・大門內的樹木結果實

暗示你的妻子或者媳婦、女兒妊娠，或者得到意外的利益。

・大樹突然折斷

暗示將發生重大的災禍、突發的事故，或者生路斷絕等，必須特別注意。

・樹木浮在半空中

暗示身心有重大的危險，必須特別注意。

・把自己園裡的花草分給別人

暗示財產分散，或者蒙受損失。

・爬樹

表示飛黃騰達、出人頭地。但是在爬樹途中，樹枝折斷，摔下來的話，涵義剛好相反，暗示著挫折、失敗，以及不幸。

・梅花

暗示努力能夠獲得報償，名譽遠播。如果梅花開很多的話，表示憑學問、技術聞名遐邇。枝上結著青梅的話，表示妊娠。

・桑樹

象徵長壽、子孫繁榮。如果桑葉飄落的話，則暗示身體不舒服，前途有了障礙。

・櫻花

櫻花開很多，花色燦爛，表示無常、空虛，徒勞而無功。攀折櫻花的夢，暗示分離，或者將發生傷心事。

・竹

象徵磐石一般強盛的運氣，並暗示家運隆盛，事業如日中天。如果是夢到自己家庭園的竹子，更爲吉祥。

・茶花

暗示事情有變化，不能如預期的進行。

・梨

暗示夫婦或者情侶不和，或者別離。

・松

這是吉祥之夢，象徵長壽、健康、繁盛。

・桃子

暗示災禍會遠去，戀愛會成功，以及結婚。

・楊柳

楊柳象徵女性，轉而暗示色情。柳枝表示喜事，為吉夢。枯萎的柳枝象徵不幸的事情將發生。

大象

夢到大象的場合，幾乎都是所謂的SEX之夢（尤其是對女性來說），長長的象鼻象徵男性器，或者類似大象的人物，例如超級胖子等。作這種夢的女人，內心裡一直渴望有男人來愛她。

・騎象

象徵幸福的婚姻生活，或獲得地位與名譽。

・被象追逐

暗示著有人對你施加強大的壓力，或者有著性方面的強迫觀念。

・削掉大象的鼻子

暗示著夢者懷著被去勢的不安。

・夢到象牙

象徵獲得財產，或者有了生活下去的有力武器。

老虎

老虎號稱獸王，因此，在預知夢出現的老虎，乃是具有絕大權威的人物，或者強烈的運氣，財源滾滾而來。

另一方面，夢中的老虎也象徵著無法控制的一股衝動，以及牠所帶來的危險

性，也在暗示著——夢者變成和老虎一樣的尊大、傲慢。

·騎在虎背，被老虎咬到

在預知夢方面，暗示飛黃騰達、出人頭地，達成宿願，招致意想不到的幸運。有時也在暗示，潛意識的內在壓力增高，以致令夢者處於危險的狀態。

·瀕死的老虎，老邁的老虎

暗示失去權力，身心兩衰，支配力不復存在。

·老虎之子

暗示遠大的將來，以及象徵著將完成一件大事。

鳥

在象徵夢方面，鳥兒爲幻想、理想、想像力、抱負、性愛、情人（尤其是女性的情人）、收益等的象徵。在男性的夢裡面，漂亮的鳥兒、逃走的鳥兒等，都是典型的女性象徵。

在預知夢方面，鳥兒時常表示將來的啓示，或者已故的人化成鳥兒的姿態在夢裡出現。因爲，死者已經從肉體的牢獄獲得了解放，魂魄能夠自由自在的飛翔的緣故。

・在天空中飛翔的鳥

表示渴望獲得自由，或者性方面的陶醉感。有時也表示想逃避叫人頭痛的現實。

・籠中的鳥，飼養的鳥

暗示不自由的戀愛，受到拘束的想像力、理想。男性作這種夢的話，表示欲獨佔某一個女人。

・空的鳥籠

暗示進入不同的境遇，例如結婚。

・鳥在啼叫

在報知某一件的喜事。對於被現實所拘的心，忠告著別忘了自己的理想。男性作這種夢，表示他的老婆一天到晚嘮叨個沒完。

·抓到鳥

暗示將可「抓到」理想的情侶，或者有了意外的收益。

·鳥兒逃走

暗示失戀、損失，或者死亡。

·鳥巢

鳥巢在夢中象徵家庭。因此，鳥巢裡的鳥蛋、小鳥兒象徵小孩子。夢中的鳥巢狀態，也就是家庭生活的狀態。

·禽類

雞鴨等的家禽類，雖然實用性很高，但是缺乏理想性。表示只注重眼前，不考慮到將來。殺家禽類的事，暗示夢者會陷入困境，公雞報曉的夢也不吉祥，不外在警告本人或者家庭會發生不吉利的事情。

雞飛翔於半空的夢爲吉祥之夢，表示飛黃騰達、出人頭地，或者結婚。

・野鴨

野鴨飛得很高又平穩暗示幸運。野鴨飛得低低的，又顯得不平穩的話，表示夢者正被人所利用而渾然不知。

・烏鴉

象徵病痛、災禍、死亡。有被捲入是非之慮。在夢中出現的烏鴉都是凶兆，必須特別的注意。

・孔雀，鳳凰

暗示天大的幸運就要來臨，長年的願望會達成。

・麻雀

暗示喜事，得利。不過，麻雀在吃稻子的話，則意味著損失、搶奪，以及妨礙。

・紅頂鶴

這是很吉祥之夢，表示出人頭地、家庭生活圓滿、長壽、結婚、生產等的吉

兆。不過，鶴飛走的夢，則是凶夢，表示幸運飛走。

·燕子

表示有好消息，意想不到的訪客，幸福的戀愛。夢到燕子在屋簷下築巢，表示結婚或者妊娠。

·鴿子

暗示喜事就要來臨，夢到白鴿則更爲吉祥。

·貓頭鷹

象徵敵人、凶事。有人在設計想陷害你，或者某種的疾病已經纏上了你。

·猛禽類

老鷹等肉食的猛禽類意味著敵人，或者跟敵人的爭鬥。夢到遭受猛禽類的襲擊，表示你將被敵人所支配。

如果夢到你去打老鷹的話，那麼你就能夠支配現實，也就是說，能夠獲得很大的成功。有時也象徵你能夠抓到獵物。夢中的獵物大半指女人。

貓

夢中出現的貓兒象徵心事、邪惡的人、盜賊、詐欺、情人、纏身的疾病等。

全盤性看來，貓兒是否定涵義強烈的動物。那是因爲貓兒是夜行性動物，一向單獨行動，同時在不考慮到人類的想法下活動的緣故。那些平常就很喜歡貓兒的人，在夢中看到自己心愛的貓兒，只不過是日常的小插曲混入夢中而已，並沒有太大的意義。但是在平常的日子裡從來不接觸貓兒的人，一旦做了有關貓兒的夢，就要特別的注意了。

・貓兒躡手躡腳的過來

象徵著災禍就要接近你。有時指騙子、小偷等具體的人物，有時則暗示著疾病。有外遇的男人作這種夢的話，表示老婆就要發現這一件事情了。

・購買貓

暗示著懷抱秘密。已婚的男性則表示他在外面金屋藏嬌。

・**殺貓**

有人想害你時，某人會救你。

・**貓兒埋著牠拉的屎**

意味著夢者在掩飾某種東西，或者隱藏了某種東西。

老鼠

老鼠一向藏身在屋頂下面、地下、泥溝等黑暗的地方，到了我們睡著以後就會出來活動，因此，象徵著潛意識的活動，以及被隱藏起來的東西。在現實生活裡，老鼠給人的印象很惡劣，但是牠在夢中出現時都是吉祥之物。

・**被老鼠咬**

對於自己本來沒有察覺到的事情，突然間，在某種的暗示之下想了起來，或者招致了意想不到的好運，使狀況好轉。

・**老鼠咬破衣服**

境遇會往好的方向轉。

蜂

除了養蜂以及農家以外，蜂的夢都屬於凶夢。這是因爲牠們會飛舞著威脅人，甚至使用毒針刺死人的緣故。正因爲如此，蜂老是和災害帶來的死亡連接在一起。不過，夢到蜜蜂的場合，則是象徵利益、財產的增大、喜事等等，因此算是吉夢。

・被蜂叮到

象徵著遭受到敵人的威脅，或者發生爭端、糾紛等。

有時爲罹病的前兆，如果女人作這種夢的話，表示對男人懷有恐怖心理（蜂的針=男根）。

・被蜂的羽音所苦惱

表示精神已經緊張到極限，或者神經有了障害，必須充分的休息。

・夢到虎頭蜂

暗示將受到強大對手的威脅，是大災害的前兆。

・抓住虎頭蜂

暗示能夠在競爭方面獲勝。生意會成功，能獲得利益。

・看到蜂巢

蜂巢象徵家庭、自己的工作崗位，或者妊娠。看到蜂巢的夢，表示會出一點小事情。

花

一般說來，夢中出現花，不外是對夢者帶來很重要的東西。象徵女性的性器，美麗但是無常的東西。不過在解釋方面根據不同的花會有所不同。

在預知夢方面，花兒時常跟死亡連接在一起。在這種情形之下，花兒顯得非常的鮮明。

・花開

根據花兒的種類而有所不同，一般意味著願望能夠實現，魅力到達最高點。枯萎的樹開花表示死裡逃生，重病者會慢慢痊癒。也表示運氣轉好，子孫繁榮。

・枯萎的花

意味著失戀、悲傷，對容貌的衰老感到不安。

・把枯萎的花送給別人

這種夢表示，你對接受花的人懷有敵意。

・向死者獻花

在潛意識中，希望情敵或者敵對的人死去。

・戴上花環

爲結婚的預兆，或者希望能快點結婚。預知夢場合中，戴著花環的人，表示不久後會陷入不幸。

・花被踐踏

如果夢者是女性的話，表示處女身分的喪失。男性作這種夢的話，暗示情人變心或背叛。有時表示精神崩潰，感受性衰退。

・菊花

菊花是供佛的花卉，暗示某種必須做佛事的事情就要到來。開得很漂亮的菊花，表示情侶或者夫婦之間會很圓滿。

・水仙花

暗示著夢者的身邊會發生叫人頭疼的事情。請特別注意疾病以及事故。

・鈴蘭花

將罹病的前兆。不過，也暗示著戀愛會發生某種問題。

・鬱金香

外表看起來很華美，內容卻很乏味的婚姻生活。或者象徵著那種外強中乾的情人、配偶。

・茶花

暗示將有遷移、轉換職業等的變化。

・荷花

暗示將有新的發現，或者獲得一個好孩子。

・牡丹花

無常，一瞬就消逝的幸福、逸樂。牡丹花枯萎落地的夢，暗示在愛情方面將發生不幸的事端。

・玫瑰花

普遍地象徵著女性的性器。處於花苞狀態的話表示少女，綻開的玫瑰花表示成熟的婦女。有時也表示散財。

・百合花

表示清純、純淨，然而並不一定表示本質。有時，只是外表看起來如此而已。

蛇

蛇具有很多種意義，最爲普遍者是金錢、財寶，以及其他的財物。蛇有時也象徵潛意識的活動、被隱藏的東西、性方面的能力、男根、危險的人物、危險的事情。

・抓蛇，被蛇咬，蛇纏在身體

在預知夢的場合，暗示能夠獲得金錢、財寶，以及其他的財物。夢中的蛇越粗越好，數目多多益善，因爲這樣表示得到的東西會越多。

在象徵夢方面，表示非常難以控制性欲。

・蛇逃掉，解下纏在身體上的蛇

象徵散財、損失、投機，以及生意的失敗。

・殺蛇

在夢中殺蛇，象徵著欲把某人放置於你的支配之下。同時能夠獲得金錢、財產。

・被蛇吞下

暗示被潛意識的力量吞下，轉而表示精神的平衡崩潰。

・吞下蛇

暗示借助別人的力量完成一件事情，有時也意味著喉嚨的疾病，必須特別的注意。

・蛇吐信

象徵對性方面的欲求不能獲得滿足，或者對性方面的好奇心。年輕女性作這種夢的話，象徵著她對男根抱持著恐懼心。

・蛇蛻皮

象徵著能進入比較良好的狀態，也就是好轉。

・蛇由下向上爬

象徵事情會往好的方向進行。

‧**蛇由上向下爬**

象徵著事物會往壞的地方進行。

蟲

夢到小小的蟲、叫人感到不自在的蟲暗示——將發生叫人煩厭的問題，如：叫人感到不愉快，或者小小的病痛。年輕人時常夢見的甲蟲，則暗示著——過度的自慰、遺精，以及自慰所帶來的罪惡感、虛脫感。

夢中出現的蟲，往往跟幼兒期的個人體驗有所關連，因此也會變成個人性的象徵。是故，你不妨想想那些在你夢中出現的蟲，到底會叫你聯想到幼兒期的什麼東西。

‧**被蟲螫傷**

象徵你對自己身邊的某一個人物感到煩厭，或者遺忘了某一件東西。同時也要注意病痛的侵襲。

·聽到蟲鳴叫的聲音

象徵著對自己體力衰退的不安。預感到病痛會發生，夏季的蟲象徵無常，秋季的蟲象徵人生的秋季。

·揮不走的蟲

注意疾病的來臨。

·青蟲

象徵性的誘惑以及對它的警戒、不安，或者想徹底的改變一下自己。女性夢到青蟲的話，往往是象徵著男根，暗示著對男根又愛又恨。

·吃下蛆蟲或蜈蚣的夢

暗示你有一個必須克服的問題，而且，你在不久後就能克服它。表示能打開一條坦途。爲吉夢。

·蚊子的夢

暗示將發生叫你感到不愉快的事情，或者被囉囉嗦嗦的人所煩惱。

・毛毛蟲

沒有結果或者叫人感到索然無味的戀愛。在這種場合裡，毛毛蟲通常象徵男根。對男性感到厭煩，或者碰到一些不愉快的事情。

蔬菜

・竹筍

象徵飛黃騰達，出人頭地。挖出竹筍帶回家的事，乃是在預告妊娠。

・蘿蔔

象徵著站在衆人上面，變成所謂的「人上人」。爲吉夢。

・茄子

暗示會帶來利益、幸運的吉夢。從別人手中接過茄子，表示有意想不到的利益，以及升職。反過來說，給別人茄子的話，你就會變成貧困。心中想到一件事情的話，就很快的把它付諸實現，如果手腳不快的話，很可能就會失去良好的機

會。

・蘆筍

女性夢到蘆筍的話，就是男根的象徵。吃蘆筍表示對ＳＥＸ很有興趣。

龍

象徵很強烈的力量，以及隨著牠所帶來的危險。暗示飛黃騰達，以及出人頭地、開運等。不過，這種開運跟危險爲鄰，也就是說，必須付出相當的犧牲，方能達到開運的境地。

・龍在天空飛翔，騎龍，龍進入門內

預知夢的話，表示能登到很高的地位。

・自己變成龍

預知夢方面，乃是暗示飛黃騰達、出人頭地、名譽，以及成功的大吉夢。但是，如果只是一般普通夢的話，那就表示膨脹的自我，以及它所會帶來的精神方

面的危機。

・在水中睡覺的龍

暗示雖然有實力，但是時機還沒有來臨。目前只好耐心的等待，不要焦躁。

・死去的龍

暗示破產。

・被龍所殺

一般被殺的夢都是吉夢，唯獨在夢中被龍所殺的場合，表示深刻的災難、惡疾、犯罪、精神產生問題等的疾病。爲凶夢。

第四章　事件・現象篇

歌唱

在夢中歌唱意味著感情的表現。必須看看是在何種狀態，以及何種情緒下歌唱，方才能區別背後的感情。

・很快樂地在唱歌

以內心的夢來說，暗示著愉快的心情，戀愛中的快活。預知夢的場合，乃是招來不幸的暗示。

・笑著又唱又跳

暗示深刻的悲哀、不安、絕望。

・唱著沈悶的歌曲

暗示沈悶的心情、分離。

・唱不出來

暗示不能把自己的感情表達給情人知道。針對著溝通、傳達的問題而苦惱

著。

・在卡拉ＯＫ歌唱

暗示人際關係不良好。跟異性一起唱歌的話，表示想跟他發生性關係。

祈禱

暗示夢者面臨到很想求神的困境，有時也暗示事態好轉，運氣逐漸變好。或者表示——欲解開被壓抑的潛意識與意識的緊張，擔當兩者調停的任務。

・向信仰的神佛祈禱

良心的苛責，或者想聽聽潛意識的忠告。

・在教堂祈禱

如果並非基督徒，那就意味著欺瞞與掩飾，眼光脫離現實，認爲自己是十全十美的人。預知夢的話，則暗示死亡。

碰到惡劣的天氣

天氣轉壞而妨礙行動的夢，多半暗示其行動的將來性不樂觀。不過依著不同的狀況，有時會變成吉祥之夢，是故，你最好從以下的各項目類推。

・碰到雨

運氣好轉的前兆，也就是時來運轉的好時機，你就掌握「時機」採取行動吧！

・因爲下雨看不到前方，雨水打入眼睛，不能行進

暗示失去了冷靜的判斷力，處在進退兩難之地，或者意味著沈溺於戀愛。

・下雨而地面變成泥濘，鞋子濕透了

暗示有人扯你的後腿，令你錯誤百出。表示某種的妨礙、背叛，叫人感到悲哀的事情。由於男女關係的糾葛，以致無法動彈。

・碰到驟雨

意想不到的幸運會來臨。

・在雨中濕透著走路

暗示碰到了困難的狀況。

・房子漏水

暗示有不曾預期的利益入手。如果屋子破舊而氣氛淒涼的話，可能在暗示著疾病。

・晴天突然佈滿了烏雲

表示困難的狀況已經迫在眉睫，也表示事情宜迅速進行。

・在霧中走路

暗示著看不到前途。如果有正在計畫中的事情，最好慎重的再度檢討。夢到父母或者孩子、你認識的人在霧中走路的話，則暗示個人會發生事端。

・聽到雷聲，遭受到雷殛

象徵喜事、財運、飛黃騰達等的吉祥夢。已婚女性則爲懷孕的預兆。

・被大風捲走

暗示將大病一場，或者喪失財產。

・刮大風，吹起了衣服

暗示疾病纏身，或者秘密被揭發。

・下雪

暗示著想隱藏煩惱的事情。一片的銀色世界有時也象徵著死後的冥界。作了這種夢，還有任何死亡象徵的話，就要特別的注意。

・新雪下了一大堆

暗示進入新的境遇、結婚，或者得到意想不到的好處。

・碰到大雪

表示幸運將來臨，獲得意外之財。大雪越嚴重，吉祥的程度越強烈。

暗示著心理方面不被允許的戀愛遊戲，像玩火似的ＳＥＸ方面的遊戲、手淫等。有時也藉著夢境恢復精神方面的平衡，或意味著病痛。

・危險的遊戲

暗示著目前的戀愛狀態。夢中的遊戲結果，將暗示戀愛的前途。有時是對手淫的警告。感到罪惡感時也會作這種夢。

・孩童式的遊戲

想回到孩童時代的願望，象徵著對實際生活感到疲倦，因此有意逃避。

・酒宴

胃腸機能衰退的前兆，或者暗示著損失，在人際關係方面的失敗，尤其是對年長者的失信。不過，重病的人興高采烈地召開酒宴的話，表示他的疾病會慢慢痊癒，是一種吉夢。

・三個人在一起遊玩

象徵三角關係，跟情敵的明爭暗鬥。遊戲即象徵戰爭。

·單獨一個人在遊玩

象徵逃避，或者對手淫產生了罪惡感。

被追趕

精神上受到某種壓迫時，往往會作這一種夢。憑追趕你的人物或者動物，就不難判斷你正受到哪一種壓迫。

年輕女子（特別是思春期的少女）想著被異性所征服，藉此打開通往ＳＥＸ那一扇門時，也會重複的作這種夢。

·被未知的人追趕

未知的人物象徵夢者的心態。追趕他的是——一向被壓抑的性衝動、不安，以及有關性方面的煩惱。

·被異性追趕

象徵著被糾纏的愛，以及爲此事而煩惱。如果是思春期的女孩作了這種夢，則在暗示——她在內心深處希望男性征服她。

·被某種凶暴的「東西」追趕

夢中看不清楚的「某種東西」，乃是夢者被壓抑的感情。

音樂

象徵著跟那音樂關連的時代，或者想使自己的精神處於調和的狀態。有時，音樂的曲名或者歌詞，成爲夢中所要表達的訊息。

·熟悉而叫人懷念的音樂

暗示夢的主題跟聽到那音樂的時候有關連，或者想回到那時的心理狀態。

·叫人感到不愉快的音樂

象徵著不好的人際關係，或者人際關係正在惡化。

·叫人感到舒暢的音樂

暗示心理狀態逐漸的在轉好，或者本來不好的人際關係逐漸好轉。

旋轉

象徵夢者正處在喘不過氣的狀況，或者擔心自己被某人帶壞。有時也象徵精力太旺盛，必須釋出一些，以保持身心的正常狀態。向右旋轉，表示精力被蓄積著。向左旋轉，則暗示精力的消耗，以及錢財方面的損失。

購買

象徵著獲得、入手，多半屬於願望夢。如果是預知夢的話，則暗示著幸運、獲利。憑著在夢中購買何物，可以看出入手之物。

・購買東西

象徵著不久後能獲得利益。

・爲他人購物

象徵自己的立場會變成不利，或者遭受到他人的誹謗。

火災

以象徵夢來說，表示喜事、幸運等。身體虛弱的人作了此夢，暗示著精神狀態不安定、貧血等。年輕人作這種夢的話，暗示如火一般燃燒的情欲，性方面的需求等等。夢裡的火災以火勢弱爲吉兆。火勢很大，又有很多黑煙的話，那就是凶兆。

在預知夢、警告夢方面，火災暗示危險已經迫近，有時也暗示著眞正的火災就要發生。

・家中發生火災

火勢強，乃是暗示繁榮的吉夢。黑煙迷漫，處處燒成焦黑的事乃是凶夢。表示一家人會碰到很大的困難。有時也暗示強烈的情欲。

・滅火

夢中的滅火舉動爲凶夢。暗示將會碰到突發性的災難，或者事故等。有時也

表示極力的壓抑性欲。

・火傷

暗示著幸運就要到來，或者暗示性方面的過錯。

・從火場中救出人或者動物

表示將得到意外的財物。如果救出的是小動物的話，表示妊娠。

風

在內心的夢方面，象徵著精神活動、意識活動，或者受到某人的影響力。有時也象徵著疾病。在預知夢方面，則爲罹病、災難的前兆。

・刮著激烈的風

暗示將面臨困境，或者將要罹病。如果是初春一般的一陣大風，那就表示停滯的惡運會被一掃而光，帶來好運氣。

・刮著微風

表示處於稱心如意的狀態。

・龍捲風

暗示著把夢者的生活或者生命席捲一空，表示很大的災害。如果是預知夢的話，更要特別的注意。

悲傷

夢中的悲傷意味著現實生活的歡欣，而且還意味著幸運就要到來。

・悲傷某人的死

這種夢是一種僞裝，事實上，夢者希望那個人快點死去。

・悲悼未知之人的死

幸運的預兆，表示夢者對自己的健康很有自信。

・悲傷自己的醜陋

在夢裡的你越是醜陋，越是有巨大的幸運來臨。

化粧

象徵著拚命裝飾表面，美化自己。「化粧」，也就是在本來的面孔上面，再疊上一個面孔的意思，因此也具有戴假面具的意義。

・化粧不能順利進行

因本來的自己跟外表的自己有差距，而感到煩惱。這種夢無非在警告夢者，快點回到本來的自己，如此才能夠獲得好處。

・化粧得很漂亮

象徵著夢者急於改變自己，或者存心要欺騙人。這種夢表示「僞造的自己」。

・有人在化粧

看到夢裡有人在化粧，但是看不清楚她到底是誰？表示有人正想欺騙夢者。

結婚

就像笑的夢變成現實生活裡的悲傷，悲傷的事表示現實生活中的喜悅一般，夢與現實的涵義剛好相反。在夢裡結婚亦復如此，它在象徵家族的困難或者不幸。

已婚者作結婚的夢，往往象徵配偶的死亡，或者跟他分離，必須多加注意。

殺與被殺

以「殺害」爲主題的夢，乃是表示在無意識中展開「自我的治療」。所謂的自我治療，是指利用內心的力量矯正自己的不正確想法、人生觀等等。正因爲如此，這一類的夢才被歸類於吉祥夢。

・自己被殺

表示自己人生或心中的不正確想法被糾正，以致獲得重生，也表示幸運的來臨、運氣好轉、健康與長壽。

・某人被殺

你不認識的人在夢中被殺，那個你不認識的人，其實就是你的分身。涵義跟前項相同。但是，由於自覺的程度還不夠，因此到重生，以及幸運的到來，還必須等上一段時間。

・熟人被殺

在預知夢的場合，表示那個人將會碰到喜事。以象徵夢來說，則是夢者希望那個人死去，或者想跟這個人一刀兩斷。

・殺父母

表示夢者希望自立、獨立，或者正準備這樣做。這種夢跟現實生活毫無關連，不必擔心。

・殺了某人，並且吃他

表示積極的想改頭換面，或表示能夠獲得利益，願望能夠達成。

・殺了人，身上沾了血

暗示將有巨大的利益、開運、成功。血液象徵財運。

・舉刀自戕

涵義跟前一項相同。如果沒有流血的話表示凶夢。不是遭遇到困境，就是會惹來事端。

・被砍掉頭部，以無頭屍的狀態走路

預知夢的場合，表示煩惱已經消除，事態逐漸的在好轉。如果是內心夢的話，就表示迷失自我，進入迷惘的狀態，甚至失去了思考能力。

找尋

作這種夢時，夢者都知道他要尋找的東西在哪兒，他要尋找的東西是什麼。他只是做出在找尋的樣子罷了，也就是說，一旦找到它的話，現在夢者所處的狀況會改變，因此，拒絕尋找到那種東西。

・找尋跟情人有關連的物品

失戀的預感。找尋的東西找尋不到，兩人之間的關係就會好轉。

・尋找某一種重要的東西

是一種忠告，表示問問自己的良心。

・老是找不到自己想找的東西

如果知道想找什麼東西的話，那就是暗示——好好的正視它所象徵的事情。如果不知道在找尋什麼東西的話，那就表示——正在摸索著。以便知道自己必須正視一些什麼。

考試

這種夢象徵著不安。尤其是在考試方面吃過苦頭的人，一旦逢到類似的局面時，就會利用考試的景象，傳達出他的不安。不過，根據夢者跟考試的關係，涵義會有極大的不同。這種象徵含著很強烈的個人因素，因此，你最好自己思考夢中考試的涵義。

者失望。

・考試的過程很順利，考試及格

這只是單純的願望之夢，卻表示實際上沒有自信，也就是暗示——喪膽，或者失望。

・考試時寫不出來，考試失敗

暗示事態會好轉。

・考試時遲到

象徵著想逃避眼前的問題，或者能夠免去考試的願望。

・在參加考試途中碰到車禍

象徵著準備不足，或者用心不足。

車禍

如果是預知夢的場合，很可能會發生夢到的那一件事情。但是這一種夢非常鮮明而逼眞，能給人非常深刻的印象，跟一般的夢境稍有不同。

如果是象徵夢的話，意味著自己說出的理由（例如——因爲發生了XX事，所以不能做XX事等等），或者藉口發現車禍，而延後自己必須盡到的義務，表示在處罰自己。

·目擊到車禍

預知夢的場合，乃是透過精神感應，目擊到某人發生了車禍。象徵夢的話，則暗示某種意外就要發生，或者人際關係轉壞，將發生有關契約之糾紛等等。

·自己發生車禍

暗示由於某種障害，計畫的進行被阻擋。不過，碰到車禍而渾身是血的話，則是表示會碰到幸運的吉祥之夢。

地震

大地搖擺，土石崩落的地震，象徵著精神、物質方面的基盤從根底崩潰。根據在地震時，某種的東西崩潰，就可以看出它所包含的意義。

・因地震而自己的家崩壞

家象徵著夢者的整個身心，它所以會崩潰，暗示著將發生影響整個身心的重大災難或者困難。

・因地震而城鎮崩潰

暗示著在生活上、事業方面，會發生深刻的災難或者危機。

・因地震而發生了海嘯

暗示著擔心被吞噬，或表示家庭會崩潰。

・因地震而樹木倒下

這是夢者身邊會發生重大災害、困難的不幸前兆，請多多注意。樹木表示夢者本身。

性交

這種夢通常表示對ＳＥＸ或者愛情的願望。但是，如果時常作這種夢的話，就表示——潛在意識對你不圓滑的人際關係、死板的想法、態度，或者對性方面的潔癖下了警告。ＳＥＸ是生命力的泉源，不能一味逃避。

・ＳＥＸ不能圓滑的進行

表示對性方面存著不安的心理，或者暗示精力已經衰退，也可能在暗示有某種的壓抑。

・在進行ＳＥＸ當中，有人攪局

象徵在內心裡有著壓抑ＳＥＸ的東西，或者對ＳＥＸ有著不安與恐懼的想法。

・在ＳＥＸ進行中穿著衣服

象徵夢者有一種必須隱藏的秘密，暗示著有一種罪惡的意識。

・跟情人進行ＳＥＸ

如果並非單純願望的話，那就是在暗示喜事、幸運就要來臨。

・跟配偶進行ＳＥＸ

暗示著倦怠感、悲哀，以及煩惱事。

・虐待式的SEX

這表示在現實生活裡很膽小的人，在夢中消除自己的膽小，變成了勇者，或者對性交的對象產生了強烈的支配欲。

・被虐式的SEX

表示有一種生活得更自由、更率直的願望。警告夢者在現實生活裡過得太拘謹。

・近親相姦

象徵著對愛情感到饑渴，內心潛在著跟愛的對象合體的願望。有時也表示夢者存著近親相姦的願望。除此之外，想支配大地之母（土地、都市等）的願望，有時也會以近親相姦的夢境出現。

大小便

夢中的大小便爲金錢、財產的象徵，或者是對它的執著，也象徵感情的付出，性方面的快感等。不過，在過食或者酒後，感到尿意或者便意時，也會作這種夢。

・排便困難

象徵夢者太吝嗇，或者內心裡存滿了否定性的感情。爲便祕所苦時也會作這種夢。

・熟人在排便

如果是預知夢的話，表示這個人會得到一筆錢財。如果是象徵夢的場合，則表示這個人在毫無自利心之下暴露出了他的感情。

・撒尿

在象徵夢方面，表示把感情毫不保留的表現出來。如果是刺激夢的話，則是膀胱所送出的信號，表示想撒尿。

在預知夢方面，表示運氣會轉好，能夠離開煩惱。以這種夢來說，撒尿的量越多，幸運就會越大。如果是女性，撒尿有時意味著妊娠。

・撒尿在尿器裡面

尿器象徵著女性器。撒尿在裡面，象徵射精。暗示著將獲得孩子。如果尿器是別人的東西，則暗示著婚外所生的孩子。

・看到地面充滿了大小便

象徵想大賺一筆的願望，或者你的憤怒與不滿的感情已經到了極限，再也忍不下去，就要爆炸了。預知夢則是象徵著很大的金錢運。

・大小便沾在衣服上面

在象徵夢方面，表示夢者擔心衆人會輕蔑他、看輕他，而感覺到不安。如果是預知夢的話，表示能夠獲得一筆意外之財。

・爲某人擦屁股

表示欲獨佔金錢的念頭，而且，眞的會得到意想不到的一筆錢財。

對立

在夢中對立的東西，象徵著夢者自己心中對立的東西。

・男與女，父與母，王與王妃

象徵著意識與潛意識，理性與感情，意識的行動與本能的行動，陰與陽，肯定與否定，前進與後退等，所有的對立概念由男女、父母所表現出來。

・成年人與小孩

意味著成熟的態度及感情，想法與未成熟的態度，不純與純粹的對比。

耕耘

在夢中的耕耘象徵著勞動、工作、男女關係，以及ＳＥＸ。耕耘大地的行爲，也就是表示男性與女性耕耘大地，也就是舉行性交而生孩子。在古時的農耕儀式中，把耕耘和性交連結起來者相當的多。

・熱心地耕耘

象徵爲了加深男女間的關係，不停的在奮鬥。因爲不熱心工作的話，得不到任何的成果。

・看到某人在耕耘

暗示有成果的工作正在進行中。也表示情人或老婆會被帶走而感到不安（男性的夢）。希望有人「耕耘」我（女性的夢），也是妊娠的預兆。

・耕耘過的田園長出了農作物

象徵成果、收入，或者妻子妊娠。

第五章　雜物篇

1 裝飾品

女性的裝飾用品，如：戒指、耳環、胸針、項鍊等東西，通常象徵著女生本身、女性器、兄弟姊妹、孩子，以及財產。

在預知夢方面，則象徵著結婚、別離，以及死亡。

・獲得戒指

暗示夢者的魅力已經到達極點，或戀愛有了結果。但是在預知夢方面，有時象徵著女性親族的死亡。

・失去戒指

暗示夢者已經失去魅力，而且將失去重要的人。男性作這種夢的話，暗示將跟情人或者妻子生離死別。有時也象徵精力衰退。

・無法把戒指套入手指

暗示戀愛關係、夫婦關係會觸礁，或者性生活不能圓滿的進行。

·獲得金銀打造的裝飾品

暗示著富貴，得到財利，以及喜事來臨。如果金飾的量太多的話，反而表示損失、窮困。

·戴上耳環或者購買耳環

女性作這種夢的話，表示太誇張自己的魅力，而招致同性的反感，也象徵社交方面的失敗。男性作這種夢的話，表示爲了女人會添加煩惱，以及破財。

·有人送耳環

女性作這種夢，表示她很有男人緣，充滿了女性魅力。男人作這種夢的話，則暗示戀愛有了進展。

·購買髮飾

購買爲獲得之象徵。男人作這種夢，暗示不久後，將有新的情人出現在他身邊。而且，跟現在的情人發生摩擦。女性作這種夢的話，表示將有新的戀愛。

·看到梳子，購買梳子

如果夢到新的梳子的話，表示新的情人會出現。如果是不起眼的舊梳子，那就表示妻子或者情人將發生某種問題。

・梳子折斷

如果是象徵夢的話，表示懷著跟情人或妻子分離的不安。預知夢的話，是實際分離的前兆，或者女性親人會發生某種問題。

・戴著手鐲

暗示戀愛在順利的進展。

・戴著很多的手觸

告誡夢者勿把自己當成大衆情人，或者暗示散財。如果手鐲的某部分折斷，或者不發出閃閃金光的話，表示兄弟姊妹會發生叫人傷心的事情。

・戴上項鍊

暗示情人就要出現，或者表現戀愛以及ＳＥＸ順利。有時也表示幸運就要到來。

·項鍊斷掉

表示人際關係、戀愛會產生棘手的問題，或者暗示別離、不和。

甜食

吃甜食的夢，乃是身體狀況惡化，罹病的前兆，必須特別注意。有時也表示戀愛就要開始。

·吃蛋糕、餅乾

暗示胃腸等的消化系統衰退，罹病，或者能夠跟異性過一段甜美的日子。

·舔蜜汁或者糖漿

象徵消化器系的衰退，疾病，或者某種棘手的問題會發生。

網

如果是象徵夢的話，表示有「逮捕」某一個異性的欲望。或者被異性「逮

住」，也象徵著大賺一筆的願望。有時，被某人支配的恐懼，也會以網的形狀象徵出來。如果是預知夢的話，表示將受到控制。因為「網」有「捕獲」、「一網打盡」的意思，因此，有時跟犯罪有關連。

・拿著「網」的人

以象徵夢來說，乃是象徵著異性，或者想取得利益。拿著蟲網的話表示前者。男性作抓蝴蝶的夢，意味著獲得一個女人。預知夢則象徵要抓人的刑警、警察等。

・進入網裡的魚

暗示將獲得利益，或者戀愛的對象。至於利益多大？戀愛的對象好不好？那就要看魚兒的種類及大小了。小小的魚兒表示失望、幻滅。大魚或者高級魚的話，那就暗示成果非常的良好。

・自己被網住

這種夢象徵著夢者希望有人誘惑他，或者受到某人的支配、控制，以致失去

了自由。在這種情況之下，那一面網象徵著某一個人（例如父母或者配偶）。

天線

象徵著情報。看到天線的夢，或者持有天線的夢，表示正在全神貫注的聽某一件事情，或者充滿了好奇心。有時也暗示將得到某種的訊息。

・裝起天線

表示變成敏感，正在豎耳靜聽，很想知道某一件事。或者，在等待的信件、電話等，很快的就會來。

・壞掉的天線

暗示著工作的失敗，收到你不喜歡的訊息，或者噩耗，失去情人等。有時也暗示直感力的衰退。

石頭・石像

在象徵夢方面，石像表示夢者瀕臨於死亡的狀態，或者正處於孤苦無援的絕望狀態。

在預知夢方面，表示就要陷入危機的狀態。

・有人變成石頭，自己變成石頭，看到石像

象徵失去了活潑的感情表現，內心變成硬梆梆的。其實那變成石頭的人，就是夢者自己。

・有人向你扔石頭

暗示自己的內心有一種罪惡感。這種是自己在處罰自己。如果是預知夢的話，則表示在現實生活裡，將實際的受到那種傷害。

・自己投石頭

在夢中對異性投石頭的話，表示求愛、支配欲，以及性欲。如果是對同性投石頭的話，暗示著人際關係方面將發生麻煩的事情。

・石頭破裂

暗示著除掉了心頭上的大患，解決了重重的困難。不過，那一個石頭如果是傳家之寶一類的話，就暗示著將失去地位，是一種凶夢。

·庭園裡的石頭

庭園裡有石頭，是表示發展的吉祥夢。庭園裡的石頭被運走的夢爲凶夢，表示損失，或者家庭裡會發生問題。

·岩石

暗示將有一大筆錢財會進入。

椅子

夢到椅子，無非在表示自己想爬到什麼地位，或者將來很可能會爬到的位置。對男性來說，椅子象徵著地位，因此從夢中的椅子，就可以推測他的地位，或者他想坐的地位。

女性夢到椅子，不外是暗示婚姻的狀態。在男性的夢裡，椅子往往意味著妻

子。

・坐在氣派十足的椅子

男性作這種夢的話，表示能夠碰到很好的伴侶，或者坐在高地位，認爲自己有資格爬到那種座位。女性作這種夢的話，表示能夠獲得如意郎君。

・坐在又小又快要塌掉的椅子

男性作這種夢的話，暗示他對妻子或者情人有所不滿，或者在性生活方面感到疲於應付。有時也象徵降職，職位一落千丈。

女性做這種夢的話，暗示婚姻不理想。如果正在論及婚嫁，作到這種夢的話，最好再仔細的考慮一下。

・坐在小學生的椅子

象徵動彈不得的狀態，不曾看清現實，或者表示還未成熟。

・坐在安樂椅

表示夢者希望自己成功。

・沒有椅子可坐

象徵著失去立場，或者目的不明確。

衣服

在夢中，穿在身上的衣服象徵——掩蓋眞心的假面具，或者保護自己的道具。在夢中非常在乎某一件衣服的話，它必定含有某種特別的意義，請多多注意。

在預知夢方面，衣服暗示境遇的重大變化（包含死亡）。

・很在乎身上的衣服

暗示對現在的工作、立場等感到不安，或者有疑問。如果男性作這種夢的話，就表示對妻子有所懷疑。

・穿著很小的衣服

象徵處於困境，或者暗示將被捲入棘手的事件。有時也表示——一直抑制自己的眞心、希望、痛苦而生活著。

・穿著寬大的衣服

象徵著虛張聲勢、自我膨脹、欺騙。

・穿著漂亮的衣服

象徵內心的貧乏，或者困境將來臨。

・穿著破爛的衣服

表示對眞實的覺醒，境遇有變化（多數爲好轉），新的出發。不過在此之前，必須經歷困境。

・穿著怪模怪樣的衣服

象徵自己已從愚蠢的思想中清醒。

・腰帶斷掉

象徵將失職、散財，經濟發生困難，或者罹病。

・衣服不知去向

暗示對虛飾的生活及態度感到不安與恐懼。有時也象徵著夫婦將分離。

・新購買的衣服

暗示境遇的變化。未婚女性作這種夢的話，表示不久後有人會來提親或介紹對象。

・給別人衣服

表示將發生令人麻煩的事情，或者生活方面發生困難。

・接受別人的衣服

意味著將獲得意外之財，表示幸運就要來臨。女性的話，暗示著提親、結婚等的喜事。

・看到被人拋棄的衣服

象徵拋棄衣服的人會碰到重大的災難，也是死亡的預兆。

・被剝掉衣服

意味著失職，失去權力，陷入苦境。有時也象徵離別、離婚。

・穿著制服

暗示逃避現實。偏頗的判斷，失掉柔軟性的思考力。制服爲夢者所戴的假面具。

・對制服感到不滿意

暗示現在的工作不適合你。

・衣袖在風中飄盪

暗示身體將發生病痛，或者發生叫人頭痛的事情。袖子表示內心的入口處。請特別注意病痛。

・黑色的衣服

暗示夢者將生病，近親將發生不幸。

棺木

預知夢的場合，往往象徵死亡。通常並非預告夢者會死亡，而是象徵他身邊人的死。在象徵夢的場合，乃是意味著夢者對已經亡故的人，有著無限的哀思，

心裡老想著他，因此才會以棺木象徵對他的哀思。有時，棺木也表示在金錢方面能夠獲利。

・某人的身旁放著棺木

這個人很可能會發生某種不幸。

・自己在棺木裡面

象徵著你的身邊會發生不愉快的事情，不過並不一定跟死亡有關連。有時也象徵你獲得重生。

・看到一具空棺木

暗示你身邊的人將有一個進入那一具棺木（死亡）。

・把死人放入棺木裡面

暗示不久後，財源會滾滾而來。

・死人從棺木裡爬出來

暗示幾天內，將有貴客光臨，並帶來喜訊。

・準備把棺木運入家裡

夢者身邊的人會發生不幸的預兆。

鏡子

鏡子能把一個人的眞實形態投映出來。照鏡子的夢，表示想在潛意識之下認識自己。又由於鏡子能夠映出一切的東西，因此也表示別人對你的批評。

對男性來說，鏡子象徵著情人或者妻子。

・夢中出現鏡子

表示你必須重新認識自己。

・看著鏡子裡面的自己

暗示你必須好好反省，現在的你正處於何種狀況之下，或者在指摘你必須改革某種做法、想法。

鏡中的你看起來很漂亮的話，表示你的想法、做法有著僞善、欺瞞，以及自

我膨脹的部分。鏡中的你看起來歪歪斜斜的話，表示你沒有正確的去理解事物。

・明亮的鏡子

象徵正確的判斷力，光明正大的做爲。表示問題能夠很圓滿的解決，未來的展望很看好，或者表示能夠獲得一個賢妻。

・不明亮，模糊不清的鏡子

象徵錯誤的判斷，或者夢者在僞裝，戴著假面具，不敢以眞正的面目對人。有時也表示，受到別人的欺負，被人所嫉妒，或者暗示胸腹部有病。

・鏡子破裂

暗示戀愛、夫婦關係的破裂，或者將陷入困境。

・別人拿著鏡子在玩樂

暗示你（男性）的情人或者妻子跟別人發生性關係（或者你如此的懷疑）。女性作這種夢的話，表示她正在被玩弄。

・揀到鏡子

暗示能夠得到良妻，或者某一件事情將明朗化，或者你將猛然察覺到某一件事情。

樂器

樂器象徵女性。同時也象徵性方面的欲望。不過，對於孩童時代被強迫學樂器的人來說（例如鋼琴、小提琴等），乃是意味著一種強制的力量，也可能象徵著其背後的母親等人。

·很高興的在演奏樂器

象徵SEX方面的快感。

·不能好好的演奏樂器

男性的話，表示對女性沒有滿足她的自信。女性作這種夢的話，表示對自己的性魅力感到不安。

·弦樂器

使用手腕抱著演奏的樂器，暗示女人的身體。演奏則象徵性交。

・打擊樂器

意味著性交時的快感，或者象徵性交時的抽動運動。打鼓表示自我主張。在夢中不停打鼓的人，在現實生活裡往往沒有所謂的「自我主張」，因此才會作這種夢，表示抗議。

・管樂器

在今日這個時代裡，相信每一個人都知道吹奏的樂器暗示什麼？原來是意味著「口交」。

・鍵盤樂器

樂器意味著女人的身體。演奏則意味著性交，有時也象徵著手淫。鍵盤有時也象徵階梯。即使如此，仍然帶著濃厚的ＳＥＸ色彩。

簾布

所謂的「簾布」是用來遮太陽的。換句話說，這象徵著隱蔽的事情、不能公開的事情。

・看到簾布

暗示著很擔心隱蔽的事情被揭穿，也就是說，對隱蔽的事情感到不安，內心有一個重擔。

・購買簾布

表示想隱藏一些什麼，或者正在準備這樣做。

・拉上簾布

象徵見不得人的事情。

・打開簾布

隱蔽的事情被揭開，或者表示從黑暗中走出來。

・簾布破裂

表示害怕秘密會被揭穿。

金錢

夢到揀到金錢、丟掉金錢，或者有人向你借錢，暗示著將要破財，耗費一大筆錢。而且，這一筆錢是耗費在災難以及不幸的事態方面。

在象徵夢的場合，作有關錢財的夢，表示夢者有一種發財的願望。有時也象徵著消化器官有了毛病，或者在性方面有所希求。

如果是年輕女性作此夢，金錢往往象徵著她的肉體在ＳＥＸ方面的價值。當她想把自己高價賣出去時，通常都會作金錢方面的夢。

有時，金錢也象徵便祕。

・領到薪水

表示就要體驗自己所厭惡的事情。女性沒有上班，但是卻作領薪水的夢，就表示她會成爲金屋藏嬌的對象，或者跟男人偷來摸去。在這種情形之下，認爲領到薪水爲天經地義的事情，意味著對自己的評價有強烈的不滿。

・付薪水

暗示著損失、困難。付薪水給異性的夢，表示想支配那個異性。

・數鈔票

表示有意想不到的開銷，或者會罹患便祕症。

紙・卡片

如果那是一張白紙或者空白卡片的話，表示有一些備忘錄與現在所抱持的課題有關連。如果紙上、卡片上寫著文字的話，它們就是要指點你的文字。

有時，紙張也象徵著忘懷掉的重要書籍、報告，以及信函等。

・閱讀紙上的文字

表示你在期待的信函或者書類就要到來，或者在催你快想出那些忘掉的重要文件。

・撕破紙

表示清算關係、破壞契約、別離、離婚。

・看到五種顏色的紙

這是財產增加的吉夢。

・看備忘錄

夢中的備忘錄象徵你很在意的東西，或者已經忘懷了的記憶。這種夢在叫你想起忘懷的某種東西。

・接受卡片

表示接受新的訊息。

・接受黑色的卡片

表示接受不幸的訊息。

道路

象徵人生的縮圖，或者一生的撰擇。道路的狀態表示人生的狀態。在道路上

碰面的人，表示在人生旅途上碰到的敵人或者友人。

·單獨一個人走路

如果那是一條很寂寞的道路，那就表示缺乏安定的人生，或者象徵孤獨。一向跟配偶很冷淡的話，表示有生離死別的可能。如果是一條明亮的道路，則表示憑你自己的力量就能夠開出一條坦然大道。

·跟複數的人走路

如果是異性的話，可能是配偶。三個人的話，則很可能象徵家族。

·道路那邊有人走過來

表示某種的警告或者忠告，有時也象徵著自己的良心。那個人物在你今後的人生，將具有很重要的意義。

·走在彎彎曲曲的寬廣路上

象徵迷惘，事情不能圓滿的進行，或者內臟有毛病。

·筆直的道路

一切很順利，就按照現狀繼續前進。

・岔路

象徵著人生的選擇。在夢中向右或向左前進，都具有極不相同的涵義。

・碰到轉角

象徵著人生的轉機。注意到轉角時，走到哪個方向。一般說來，走到右邊表示好的方向，走到左邊則表示錯誤的壞方向。

・站立在十字路口

表示你正在煩惱，或者感到不知何去何從。

・看到坡路

坡路象徵著人生。現在生活得很愜意的人，夢到坡路後，將過著辛苦的生活。現在困苦的人，只要忍著過完苦境，就可以過著比較富裕的生活。

・上坡

雖然辛苦，但是在爬完了坡路，運氣就會逐漸轉好。

‧下坡

表示逐漸走入勞苦的境地，或者結下不好的男女關係。年長者作這種夢，表示身心都在衰退。

‧道路突然消失

暗示將來突發性的異變，人生道路的變更，或者表示將進入孤苦無依的狀態。

‧道路逐漸的變細小

暗示對將來感到不安，或者暗示寂寞的人生，以及老後的無依。

‧道路上有洞穴

洞穴表示障害。只要不掉入洞穴，現在的生活狀況，就還說得過去。如果掉入洞穴的話，則表示前方有某種障害等著你。

‧兩側有牆壁的道路——山崖路

暗示在視界不良的狀況下，感覺到進退兩難，以致感到迷惘。有時也暗示產道或者腸管有毛病。

・走不通的道路

暗示——選擇錯誤的方針、計畫、生活方式，想法有缺妥當之處，必須好好的反省、改革。

山

象徵人生方面的課題，以及種種的困難。但是，高山並非只象徵著巨大的課題與困難。高山在一般情況之下，都被解釋成願望的成就。山也象徵著權威，或者父親。

・看到高山

這是暗示願望會成就的吉夢。所謂的高山也者，最好是從遠處眺望，實際地登山的夢，則必須付出相對的一番勞苦。

・登山

表示對某一種事物挑戰，或者把某一種事情當成課題。登山中斷而失敗的話，表示在現實生活裡也會發生類似的事情。

・從山頂再爬上天

兩腳一離開地就表示跌下。象徵地位或者權力的失墜，也有表示實際跌落的事。

・在山上碰到霧

暗示到達成目標，還需要一大段時間。

・在山上碰到人

表示將出現援助的人，只要從那個人的手中獲得任何一種東西，就表示能夠成功。爲吉祥之夢。

・牽著馬兒登山

表示夢者身邊的人將要生產，或者已經妊娠。

・在山上折樹枝

象徵著不吉利的事情將發生，必須注意到底是誰在折樹枝。不僅是在山上而已，凡是折樹枝都是不吉的前兆。

・到達山頂

表示抵達目標，成功。

・下山

暗示撤退或者後退，甚至罹病等。有時也象徵人生的衰退。如果是一步又一步緩慢地下來的話，則表示一切事情會慢慢地推移。

・山崩

象徵公司倒閉、失業、巨大的損失等等，重大的事故正在等著你。

・在山中埋下某種東西

暗示不久後，將能獲得物質方面的利益。

渡假村

象徵著想跟異性接觸的愛。因爲渡假村是約會的最好去處的緣故。而且，那兒多的是「坐」的東西。

對男性來說，夢中的乘坐物往往意味著女性，而女性夢中的乘坐物也象徵著性行爲。

・到渡假村

表示性的欲求已經很高。夢到跟異性同往的話，則表示對那異性有著強烈的性欲望。

・坐摩天輪

表示強而有力的ＳＥＸ。女性作這種夢，表示她希望男方使用蠻力征服她，使她感到飄飄然。

・到達渡假村時，又製造理由不進去

暗示對ＳＥＸ有著強力的壓抑，或者害怕性交失敗。

・進入鬼屋

暗示在求取ＳＥＸ方面的冒險。被鬼物追趕的夢，以女性來說，表示跟情人的ＳＥＸ遊戲，同時這也是她的願望。

頭髮・鬍子

頭髮與鬍子象徵動物一般的活力，也就是表示精力、體力、生殖力等本能性的力量。

如果夢到陰毛的話，就表示夢者有著很強烈的ＳＥＸ欲望。

・漆黑的頭髮

表示長壽、健康、生命力充實、旺盛的性欲，以及活潑的思想力。

・白髮

有時意味著長壽、健康、成熟。有時也象徵精力、思考力、財力的衰退等。

一般說來，如果夢中的白髮人物充滿了生命力，那就表示長壽、健康。如果顯得無精打采的話，那就象徵情力、財力等的衰退。

・堅硬的頭髮

硬梆梆的思考方式。

・散亂的頭髮

象徵著散亂的心、散亂的想法。

・掉白髮

暗示自己的精力、財力衰退，或者子孫會發生不祥的事情。

・頭髮掉了一大把

表示身心兩衰，損失，死的預兆，疾病的侵襲。

・剪掉（或剃掉）頭髮

表示會發生叫人心痛的事情，力氣急衰，家族會產生麻煩的事情。

・染髮

象徵著把自己的能力用到錯誤的方向。性方面的需求高亢。染成紅髮的夢，必須注意事禍、爭論，以及吵架。

・頭髮糾纏在一起

暗示人際關係不圓滑，得罪了人，爲發生爭端的前兆。

・梳頭髮，洗臉

表示煩惱事會消失，好運會到來。

・洗髮

暗示災難已經過去。

・改變髮型

表示境遇、心境有了小小的變化。

・異樣的髮型

看看從這種怪異的髮型能叫你聯想到什麼？不管如何，這是象徵某種的重大變化。

・戴假髮

抱持著自卑感，想隱瞞精力、氣力等的衰退。

・某人戴著假髮

暗示有一個人將欺騙夢者。

・拔下鬍子

暗示孤獨、散財、損失。

・臉上長著很漂亮的鬍子

象徵步步高陞，獲得大量錢財。

・剃掉鬍子

暗示將蒙受損失。

・長著鬍子的女人

男性作這種夢的話，將被妻子或情人所壓倒。女性作這種夢的話，則表示要多注意周邊的男人。

屁股

不管從任何角度看，它都是象徵 sEx。你就從涉及屁股的行動以及人物，推測屁股象徵 sEx 的細節吧！

・看自己的屁股，露出屁股

暗示著，本來別人不知道的秘密被揭發出來，以致蒙受羞恥。

・看女性的屁股

象徵著對這個女人的非分之想。

性器

幼兒以及思春期的少年時常會作這種夢。這只是對性器的關心，以及想使用性器的願望，直接地在夢中表現出來罷了。

最爲普遍的象徵意義是，男性的性能力，憑男根的大小表示強與弱。

至於還沒有看過女性器的少年，在夢到裸體的女性時，那一部分都是模糊的狀態。

·巨大的男根

象徵精力旺盛的男性，具有權威的男性。但是並沒有意味著ＳＥＸ方面的強弱。

·小的男根

象徵沒有氣力、不可依靠的男性。在夢中，情人的男根只有小孩兒一般大小時，象徵夢者對男性抱持著不信任的感覺，或者對他感到不滿。但是並不一定意味著在ＳＥＸ方面不行。

·好嚇人的女性器

象徵對女性ＳＥＸ的不信任，甚至厭惡。有時也象徵妻子或者母親。女性夢到女性器的話，表示對ＳＥＸ抱著厭惡感。

·少女一般的女性器

象徵在性方面的未成熟以及幼稚。夢到成年女子具有少女一般性器的話，表示對自己的未成熟感到不安，或者是對靡爛的性生活發出警告。

乳房

象徵著母性、愛情、喜悅、豐碩等，也象徵著性方面的魅力。

·豐碩的乳房

象徵健康、幸福，喜事將來臨。不過，太大的乳房則表示，健康與幸福只是表面而已。

·乳房發脹，乳汁流出來

已婚女生作這種夢表示妊娠，未婚女性則表示快要結婚。老婦人則表示有一筆收入，或者很大的利益。

·乳房長著很多毛

男性作這種夢表示健康，能得到意外的利益。女人的話表示散財、損失。

·長出很多乳房

暗示有了丈夫以外的男人，或者意味著多產。

唾液

唾液跟血液一般，象徵著生命力、精力、金錢。

·吐出唾液

浪費精力，損失金錢。

·別人在你身上吐唾液

表示精力很充足，可獲得一筆收入。

·吐不出唾液

表示精力枯竭，貧困。

手指

手指被號稱爲露在外面的頭腦，乃是使人看起來更像人的重要器官之一。手指常會象徵工作、熟練、生計，而在夢中出現。手指也象徵性愛，或者陰莖。

・漂亮的手指

象徵商業繁盛，事業有成，工作的成果等等，是一種吉祥之夢。女性的漂亮手指表示誘惑。

・強壯而大的手指

暗示強烈的自信，事業的成功，叫人感到滿足的戀愛。

・小巧的手指

象徵缺乏自信，不能滿足的性生活，對陰莖的自卑感。

・髒的手

表示跟不三不四的人在一起，從事不乾淨的工作。

・手指上長滿了毛

暗示有煩惱事，某種不幸就要來臨。

・凝視著手指

表示處處碰壁、勞心，面臨經濟方面的苦境。

・跟人握手

在夢裡跟異性握手，表示想跟他發生性關係。跟同性握手的話表示友情。

・燙傷手指

象徵危險的ＳＥＸ遊戲，玩火，或者遭受到別人的嫉妒，從事危險的工作。

・手指斷掉

暗示將喪失很重要的東西，有時是自信心，有時象徵血親的死亡。

鼻子

在夢中，鼻子象徵自我、自尊、自私、直覺，以及男性生殖器（男根），鼻子跟腦部有深刻的關連，原始性的腦跟鼻子直接連結。因此，鼻子有時也象徵腦部的疾病。

・大而漂亮的鼻子

女性作這種夢的話，表示有強烈的性方面欲求。大的鼻子象徵著男根。

・自己的鼻子變大

鼻子變成離譜的大，表示過度的自信將帶來事端，也是暗示他人反感、背叛的凶夢。如果變成大一些，形狀又很美的話，則表示不久後，將擁有勢力與財力。

・自己的鼻子變高

表示強烈的自信，但是這種自信會帶來災害，暗示著人際關係的惡化、散財。

・鼻子爛掉而掉下來

象徵自信的喪失（含著性方面的意義），境遇的惡化，流浪，財力的喪失。

・鼻子阻塞

意味著直覺的衰退。有時也意味著別人的妨害。女性作這種夢，表示情人或丈夫另外有女人。

・鼻子歪曲

象徵不正常的精神狀態。夢中看到某人的鼻子歪曲時，表示那個人的行爲不正。

・鼻子變成兩個

暗示將有爭執發生。

・流鼻血

象徵幸運的吉祥夢，暗示能得到財物。

・打噴嚏

將發生好事的前兆。

生病

很少會生出跟夢中相同的痛，通常表示著其他的意義，例如：想生病而住院，也就是逃避現實，或者透過夢的方式，告誡夢者改正生活狀態，或者修正人際關係。

・鼻蓄膿，鼻炎

表示直覺的衰退。

・耳朵的疾病

象徵感情方面發生了問題，或者很在意別人的評價。

・眼疾

暗示精神、意識活動有了問題，或在警告夢者好好的計畫人生，以及工作。

・胸部的疾病

有時是相思病、過食、過飲的胸口悶痛，過度地被表現了出來，或許是食物中毒。

・心臟的疾病

有著相思病，或者內心裡抱持著某問題，感情變成不平衡。

・胃腸病

對於貧乏、偏頗的飲食生活所發出的警告，或暗示著金錢方面的損失。有時也象徵著內心所抱持的問題不能解決。

·便祕

表示吝嗇，不想出錢。

·性病

暗示人際關係不圓滑，或者因爲背叛配偶而感到不安。

·潰瘍

象徵內心深處的創傷。

·癌

暗示內心的病態自卑情結在擴大。

·肥胖症

表示對疾病的恐懼與不安。有時眞的有病變，最好去看一次醫生。

·感染症

象徵妊娠。「感染」象徵愛情。在夢中害怕細菌，也就是表示對妊娠的恐懼。

痣

象徵著你身邊所發生的麻煩事以及事端，不過並非很大的問題。

·長出痣

象徵發生了棘手的問題。

·額頭的痣

象徵由於情欲而惹禍。

·眉毛裡的痣

男性的話，表示發生了金錢的問題；女性的話，則表示家庭將發生問題。

·兩眉之間的痣

請多多注意慢性病。

·眼下、眼尾的痣

象徵房事過多，請注意色情問題。

・面頰的痣

請注意家庭問題。

・鼻子的痣

注意健康問題，以及金錢的損失以及浪費。

・嘴唇的痣

在夢中看到嘴唇的痣，表示房事過多，請注意色情問題。

・下巴的痣

夢到下巴的痣，必須抑制欲望，過度的話會招致失敗。

・耳朵的痣

夢到耳朵有痣，小心金錢的損失，以及健康問題。

眉毛

夢中的眉毛象徵品格以及智慧，轉而表示精神活動。因爲，眉毛跟眼睛相配，因此也表示配偶，或者愛人。

・漂亮而整齊的眉毛

表示品格、智慧都很高，有時也象徵成功、獲利，以及戀愛成功。

・脫掉的眉毛，稀疏的眉毛

表示精神受創、失敗、損失，受到別人的非難、輕蔑，有時也暗示疾病。

・剃眉毛

表示住處或境遇有了變動，狀況惡化。有時也暗示會失去情人。

・白眉

暗示會站在衆人之上。

耳朵

耳朵象徵對自己的評價，情報的使用方式，以及性愛。

・夢中很在意耳朵

表示很在意別人對他的評價，也就是說「豎耳傾聽」。

・大而漂亮的耳朵

表示工作與計畫的成功，幸運來臨。

・看到異性的耳朵

表示想跟他親近，跟他發生性關係的願望。在異性的耳旁說悄悄話的夢，表示只想讓他知道，也就是SEX方面的交涉。

・耳朵聽不到

表示把心扉緊閉了起來，再也不關心自己以外的事情。

・對某人說話，但是他卻聽不見

表示你依賴別人做的事情不能圓滿的進行，不能獲得周圍人的贊同。

・耳朵有傷痕

表示被你信任的人背叛。

・割下耳朵

象徵緊閉心扉，跟友人不和睦，甚至反目。

·洗耳朵

表示好的評判，或者正確的判斷。

·長出好幾個耳朵

表示好的朋友、良好的伙伴會增加，智能也會提高。

·耳朵裡有很多米或麥

能夠獲得某種的利益。

·長出野獸似的耳朵

表示惡劣的批評、計謀，或者陷害。

眼睛

在夢境裡，眼睛仍然是靈魂之窗，也就是說，眼睛象徵著自己的本質，以及全部的精神活動。

·光芒四射的眼睛

在夢中看到光芒四射、炯炯有神的眼睛時，象徵著判斷力甚爲準確，可由此獲得很多好處，也象徵著事業以及工作的成功。

·混濁的眼睛，有著眼疾的眼睛

象徵著不能正確地判斷事物，因此而蒙受損失、失敗。

·眼睛看不見

象徵迷失了自我，或者正在談熱烈的戀愛，有時也在暗示罹病。

·睫毛變成很長

健康與長壽的吉兆。

船

夢到船舶，象徵著夢者人生的現狀，對將來的展望，以及死亡之旅（預知夢的場合），有時也暗示膀胱有毛病。

・搭船

象徵人生重大的變化。有時爲死亡的預兆。可根據跟誰一起搭船，船中呈現爲某種樣子，是否抵達彼岸，以便下判斷。

・跟病人、已亡故的人同船

暗示著疾病或死亡，如果在途中下船的話，就能夠免除災難。

・跟家族一起搭船

暗示親人會發生棘手的問題，或者在金錢方面發生難題。

・在船中睡覺

疾病或者死亡，有時也暗示進入困苦的境遇。

・在船中飲食

表示性方面的欲求不能感到滿足，或者性生活方面產生了問題。

・船在空中飛翔

暗示將交上好運，爲成功的預兆。

·搭船渡河

表示人生的轉捩點，或者正處於重要的時期。河流象徵人生，只要無事渡過，就會宣告空前的成功。重病患者作這種夢的話，乃是暗示死亡。

·夢到船錨

象徵著求取安定的心。未婚女性作此夢，表示很想結婚，或者是結婚的預兆。

·船在外海停泊

暗示人生停滯，或者方針未定而感到迷惘。

·船翻覆，或者觸礁

象徵人生的危機，有時也暗示詐欺、陰謀、背叛。男性作這種夢的話，暗示將跟女性糾纏不清。

·船入港

象徵事情已經有了成果。船是空的話，表示結果乏善可陳。但如果載滿了珠寶、穀物等，則表示有很好的成果。

麵包

根據夢中人所吃的麵包，可以判斷生活的狀態，也可以知道今後的生活會變成如何。

·**堅硬的麵包，不新鮮又難吃的麵包**

暗示生活將發生困難。

·**可口的麵包**

暗示富裕的生活，喜事將來臨。

·**烤麵包**

表示幸福的生活、充實的愛情，以及婚姻。

·**買麵包**

暗示會得到良友。

·麵包屑

表示不久後，可獲得意外之財，碰到幸運。

天

「天」象徵著在自己上面的東西，也就是說高高在上，伸手所不能及的東西。天上的星星象徵著你自己、配偶、子女，或者工作方面的伙伴，有時也象徵八卦的「乾」。

·天開

夢到天空打開一條縫隙，暗示你將跟別人爭論、吵架，或暗示著事物不能夠順利的進行。

·上天

暗示境遇會逐漸的好轉，獲得意外之財、出人頭地，或者是夢者認爲自己是傑出的人物，應該站立在萬人之上，是對夢者過度自我膨脹的警告。

・天空一片晴朗

暗示前途看好，時來運轉。

・天裂

表示將發生巨大的災禍，有時也象徵不幸、生離、死別，以及車禍等的意外事故。

・從天上掉下來

象徵空前的大失敗、沒落、降職、失掉地位。

・天崩塌下來

作這種夢時要特別的注意父親，因爲天爲「乾」（八卦），「乾」又象徵父親的緣故。有時也暗示夢者失去自己的職位或者立場。

・天空變成黑暗

作這種夢時表示前途黑暗。如果在夢裡有人站在那兒的話，表示這個人會發生不幸的事情。

・天上的花園

這是死亡或者災禍的預兆。

・從狹窄的房間或水井看天

暗示境遇不好，或者將陷入貧困之地。

・流星

暗示境遇將有巨大的變化，像搬家、更換職業、降職等。有時也表示陷入色情的泥坑，因不能自拔而感到痛苦，或者引起男女之間的糾紛。

・星星掉下來

象徵著權威的喪失，失職，疾病惡化。星星爲夫妻、工作伙伴等的象徵，乃是夢者身邊的重要人物。那些人物一旦發生了問題，就會連累夢者。

・北極星

北極星爲神的象徵，也象徵著夢者的魂魄以及本性。這種夢是對夢者的一種忠告，叫他注意自己的本性，不要迷失。

・北斗七星

北斗七星是律己的最基本規範，有時它也象徵命運。夢見北斗七星很暗時，表示夢者正處於迷惘之境，將遭遇到某方面的困難。夢到自己站立在北斗七星下面的話，表示不久後會打開一條坦途，並且能夠獲得名譽，甚至表示出人頭地。

・看到銀河

這種夢爲凶夢，因爲它是死亡的預兆。

・渡過銀河

象徵戀愛有了結果，或者表示將步入結婚禮堂。如果臥病的人作這種夢的話，就暗示著他將踏上不歸之路。

食器

食器爲「吃」的道具，「吃」也就是「生活」。因此，食器象徵生活所必須的家計、經濟狀態等等。

有時，「吃」也暗示著性器，像內側凹進去的食器——碗、湯匙等往往意味著妻子、愛人，或者她的性器。

・購買食器

象徵著家族就要增加，或者必須爲了某一件事情，必須耗費一大筆金錢，有時也意味著就要結婚。如果購買回來的食器破碎的話，表示家人將發生不幸，或者發生事端，以致演變成生離死別的悲劇。

・航髒的食器

象徵著家計方面會發生問題。如果在夢中把它們洗乾淨的話，只會發生小小的問題，很快就會過去，接著，幸運就會到來。

・夢到電鍋、鐵鍋

這兩種東西都象徵家計、家的財產，以及生活費。夢到鍋中有很多的東西在煮的話，那就暗示著將交到財運。如果鍋中空無一物，或者只有很少的東西，那就表示家計將發生困難。

・電鍋、鐵鍋破裂

暗示生活就要變成困苦，或者因違反良心以及法律的不正當行爲將帶來報應。有時也在暗示親族裡面，有人會發生災難而亡故。

・夢到從別人那兒獲得鍋子

暗示生活將逐漸的好轉，還可獲得意料之外的利益。

・食器所裝的食物

在夢到食器裝著食物時，並不以食器判斷吉凶，而是要看食器所盛的食物。因爲食物才是暗示生活狀態。食器只盛著少許的食物，就表示經濟狀況會轉壞。如果食器所盛的食物很多，且冒著熱騰騰的水蒸氣的話，就表示經濟狀況會好轉，爲吉祥之夢。不過，如果食器並非裝著米飯，而是裝著稗子、栗子的話，那就暗示著生活會陷入困境。

如果夢到食器盛著餿掉的食物，或者是粗糙的食物，並非凶夢，反而是吉祥之夢，境遇會好轉。

・購買，或從別人手中獲得飯碗、茶壺

暗示著將散財，陷入生活的困境，或者招致損失。

・筷子

筷子是把食物運到嘴巴的道具，因此它象徵收入的手段，以及財產。

・筷子很整齊的排列著

暗示收入、財產會順利的增加。

・筷子斷掉

暗示收入中止，或者財產減少，是凶夢。

・只有一支筷子

象徵生活將變成窮困，或夫婦間會發生危機。

・桌子上面排列著很多筷子

暗示將耗費一大筆金錢，或者孩兒會增加。

・湯匙

湯匙象徵妻子或者愛人。桌子上面排列著兩支以上的湯匙，表示夢者想在妻子以外（或者愛人），再得到一個女人，或者他已經如此做了。

·大碗

大碗象徵放財產的倉庫或者金庫，也暗示著經濟方面的利益（按照佛洛伊德的解釋，大碗象徵女性器）。

書籍

夢中的書籍象徵著人生、智慧、財產。

·喜歡讀書

象徵著愛情配偶者或者愛人。如果以往兩人間的感情並不怎麼好，作了這種夢以後，兩人的感情就會增進。

·喜歡看通俗書，也就是多數人所喜歡看的書

暗示著想去找娼婦，或者表示目前交往的異性，除了「你」（妳）以外，還

有另外的一個異性。

・尋找書籍

暗示著正在摸索著解決目前問題的手段。

太陽

在夢中的太陽暗示著妊娠、生產，或者象徵著嬰兒。在男性的夢裡，太陽表示父親、上司。在女性的夢裡，大多表示父親或者丈夫。另一方面，太陽也象徵著能夠發出光輝的東西，輝煌的成果，以及男性的世界。

・日蝕

暗示妊娠，或者安產。婦人作這種夢表示有喜事。通常太陽象徵男孩子，月亮象徵女孩子。日蝕是表示權威一時的失去‥全身的不調和，以及突發性的災難。

・呑下太陽，或者把它放入懷裡

暗示能夠生下一個將來能成大器的嬰兒。孕婦以外的人，則表示能交幸運，

獲得良好的地位、榮譽等。

·日月同時在夢中出現

同時出現的日月象徵父母。夢者感到日月很耀眼、很光亮的話，是吉夢。如果感到日月黯然無光的話，就暗示父母會發生事情。有時也意味著跟情敵周旋。

·看到日出

象徵新創辦的事業很成功，或者將獲得成功。有時也暗示事態會好轉，子孫會繁榮。因爲日出意味著新的開始，是故也象徵著別離，或者離婚。

·看到夕陽

暗示運氣下降，必須注意工作方面的失敗。有時也象徵著父親或丈夫的運氣衰退。

·夢到太陽光照耀在身上

象徵有地位、權力的人將提拔、援助，或者揮別衰運，步上康莊大道。病人作這種夢的話，表示身體會逐漸恢復健康。

・太陽消失

象徵著死亡的威脅，擔心失明，或者權力消失、絕望。

・夢中出現複數的太陽

暗示著很多異性的誘惑，精神散亂。

・黑色的太陽，暗而混濁的太陽

爲罹病、不吉祥事情的前兆。有時意味著精神散亂，以及失望。

房子

夢中的房子表示夢者的身心以及全部的生活。房子裡的各部分表示人體或者內心的一部分。

・很氣派的大房子

如果在夢中買下大房子的話，表示能夠在不久後獲得意外之財，或者地位將高陞。如果房子只是大而有氣派，但是房子已經稍微破舊，牆壁有了斑剝時，或者那是別人的房子，根本就不可能入手的話，則表示外強中乾，生活表面上還看得過去，但是裡面卻相當的貧乏。有時也象徵著已經沒有權勢的父親。

・房子壞掉

暗示著災害、被害。生活最基本的條件消失，或者遭受到破壞。有時也暗示家庭生活的崩潰、離婚或罹病。

・新買的房子

表示願望快達成，生活能夠獲得改善。有時也象徵著健康、長壽。

・搬入新房子

暗示著將遷移、出外旅行，或者境遇的變化。女性則暗示著將結婚。

・改裝室內

暗示內心疲勞，罹病，或者象徵著身體某處有「異樣」。有老毛病的人請注意。有時則在暗示，將有某種的損失。

・跟別人爭奪房子的所有權

象徵著地位或者財產方面將產生問題。男性作這種夢的話，暗示妻子有可能紅杏出牆。

‧有人不脫鞋就進入房子裡面

象徵將有人進入夢者的生活中，但是並不是對夢者有利益的人。男性作這種夢的話，表示妻子可能會被捲入一場是非（或者可能已經被捲入）。

‧賣掉房子

象徵著夢者想改變境遇。如果是預知夢，很可能實際會引起境遇的變化。大多數屬於開運的吉夢。

‧遷出房子

象徵境遇的變化，色情方面的糾紛。反正，都是不好的暗示。如果搬進去的房子又老又破的話，可能在暗示某種的災難或者病情。

‧房子裡長滿了草

暗示家庭貧窮、生活困難、被人逼迫。最好中止工作方面的賭注、保證，或者停止投機事業。

・把糞便運入房子裡面

表示將繼承財產，獲得意外的利益。

・房子裡長出松樹

表示運氣會轉爲良好。更象徵著健康、長壽。但是如果樹木長很多，室內變成陰森的話，反而是凶夢。

・居住於破房子

這是相反的吉夢，表示從此以後，運氣會逐漸的好轉。如果是內心的夢，那只是表示對將來不安，或是重視往日的記憶而已。

・居住於很有氣派的豪華邸宅

這也是相反的夢。象徵運氣下降，種種的障害就要來臨。有時，只是單純的願望反射。或者，表示對現狀的不安。

・有動物進入房子裡面

這種夢意味著將有侵入者。根據動物的種類以及進入的狀況涵義有所不同。如果是預知夢，乃是在暗示疾病，某種的糾紛，人際關係所帶來的問題等等。反正都是一些不好的事情。

·房子的表面與裡面

在夢裡，房子的表面跟裡頭的樣子相差太多的話，表示夢者是個表裡不一的人。房子的表面意味著夢者對社會大眾的態度，而房子裡面則暗示夢者不易示人的眞正嘴臉。

·房子的各層

如果夢裡顯示房子有好幾層的話，一樓表示夢者日常的意識，以及日常所關心的事情；二樓則表示他的理想；地下樓則暗示跟潛意識所關連的事情。有時上一層暗示上半身，下一層暗示下半身。

·爬樓梯，下樓梯

暗示性交。夢中射精的典型過程之一。上下樓梯使性方面的興奮急速增高，

心裡想著「好累人！」，但是仍在上下樓梯，這無非在表示無休止的性欲。

·客廳

暗示對家族的關心，或者表面性的臉孔。有時也表示並非來自內心的表情。

夢中坐在客廳的人物，就算是不同的人物，但他們往往是你父母的化身。

·臥房

象徵秘密，私人的事情，性生活，或者休息。預知夢的場合，有時在暗示罹病。

·床

象徵ＳＥＸ或者結婚。已婚者的場合，乃是象徵著配偶的問題。

·壁櫥

象徵子宮。壁櫥深處表示內心。

·廚房

象徵對家庭的感情、愛情，以及執著心，或有關於食物的事情（正確的飲食

生活，或者錯誤的飲食生活）。夢到廚房歪斜，亂成一塌糊塗，不能著手烹飪，表示家族關係產生了裂痕。不然的話，就是表示飲食生活的貧乏。

・窗戶

在夢中的窗戶象徵溝通、眼光。窗戶緊閉的話，暗示夢者拒絕與他人溝通，也就是表示內心的緊閉。如果是預知夢，那就表示運氣的閉塞。

在夢裡，窗戶都被打開的話，那就暗示夢者的心境開朗，人際關係很圓滿，運氣逐漸的在好轉。有時也表示，夢者會得到好消息，或者跟舊友連絡上。

・陽台

在象徵夢裡，陽台象徵乳房，因爲乳房在身體上部，又朝外面凸出的緣故。正因爲如此，夢到陽台倒塌，或者被毀壞時，暗示夢者身邊的女人，可能會罹患乳房方面的疾病。

・牆壁

筆直屹立的牆壁，象徵筆直地站立的人體。牆壁上面的凸出部分象徵乳房，下面的凸出部分則表示男人的陰莖。有時也象徵皮膚、耳朵、脾臟等。在夢中粉刷牆壁的話，則必須注意胃腸病，或者感冒。

池塘

夢中的池塘象徵生產，或者妊娠，也暗示著以妊娠爲前提的ＳＥＸ。有時也暗示將獲得某種的利益。

・有很多魚兒的池塘

暗示著幸運將到來。多數的魚，象徵多的利潤。

・沒有魚兒的池塘，只有死魚的池塘

暗示正在進行的事情不能順利的收尾，到了中途就會「無疾而終」。有時也暗示金錢方面的損失。

・在池塘裡戲水

象徵著ＳＥＸ方面的危險遊戲，或者戀愛感情的高昂。

・有小孩在池塘裡

暗示著已經妊娠。

海

夢中的海象徵「母性」，包括了過去一切的潛意識世界，日後的人生，死後的世界等等。恰有如海洋廣大無邊一般，它所象徵的意義也很多。

・太陽光照耀著海洋

這是一種吉祥夢，表示運氣在轉好，願望就要達成。如果夢到船舶航行於海上的話，將能獲得很大的利益。

・漁夫對大海挑戰的夢

象徵向大自然的挑戰，內心的不安與期待。如果夢到漁夫在打魚，拉起網有很多魚的話，表示正在進行的事情會成功。

・荒海

象徵坐立不安，表示自己無法控制的感情在內心澎湃著，或者人際關係方面發生了麻煩的事情。有時也暗示著內心的煩悶。

·寧靜的海

象徵前途會很順利。如果有陳年懸案的話，將能夠圓滿的被解決，有時也暗示好事連連，像提親、結婚等。

·在海裡游泳

暗示ＳＥＸ方面的需求，或者想治癒內心的創傷。女性作這種夢的話，往往表示妊娠。

·潛入海裡

暗示對ＳＥＸ的欲求，或者想滯留於潛意識的世界。

圍牆

象徵著在夢者與世界之間的障礙，或者從這個世界保護夢者的父母、家族、

家庭。

・在圍牆裡面

象徵處於被保護的狀態，有時也象徵在父母庇護下的狀態。

・想越過圍牆

象徵著想逃脫被保護、被庇護的狀態。如果很成功地爬過圍牆的話，那就表示你的「逃脫」會成功。

・圍牆崩潰

象徵新的境遇，或者已經準備好進入新的境遇。因此也意味著在精神方面告別父母。

・砌圍牆

象徵著想建造自己的城堡，有時也暗示結婚。

・有人弄壞圍牆

在夢中的「那個人」其實就是夢者本人。這種夢表示自覺還不太充分，以致

還不能掙脫出本來的狀態。

島嶼

象徵著想一個人獨處的願望，或者在暗示因孤獨而產生了絕望感，有時也意味著從潛意識產生的想法，以及洞察力。

・在南方的島上

存著一種安逸地生活的願望。

・在無人島上

象徵著對工作或者婚姻生活感到疲倦，內心要求休息。

・在有人居住的大島上

暗示著想跟周圍保持適當的距離而生活。

・離開島嶼

象徵著將進入新生活，以及對它的不安與期待。

・島嶼沈入海裡

表示將喪失意識的世界和潛意識世界的接點，也表示混亂、激烈的不安。

戰場

在夢裡，不管如何的被渲染，如何的被強調，實際上，就是指婚姻生活、家庭，以及職業。

・丈夫或者情人要上戰場

象徵著夢者害怕失去丈夫或者情人，有時也暗示夢者希望丈夫或情人快點離開她。反正夢者只要問自己的內心就知道到底在意味著哪一力面。如果在夢中看到赴戰場的丈夫或情人，而大聲地哭叫的話，很可能是屬於後者。

・自己在戰場

象徵著悲慘與難耐的境遇。至於這是表示家庭方面或者工作方面呢？不妨從夢的其他部分推敲。

土地・土壤

夢中的土地象徵著財產、所有物、自己的生活，以及肉體。男性則表示妻子，或者愛人。

・凹凸不平的土地、荒地

暗示著罹病，或者陷入困苦的境遇。荒地也具有相同的意義，不過，只象徵精神方面的荒廢。

・伏在大地

暗示叫人感到煩惱的事情，或者就要產生這種事情。

・坐在大地

暗示境遇的安定，或者會受到酒食的款待。

・土地陷落

夢者或者他的身邊人會罹患疾病（尤其是母親）。最好注意一下那片土地的

所有者，或者居住於那一片土地的人。

．挖地，拿回土壤之夢

在現實生活裡，土壤是不值錢的東西，但是在夢中它卻價值連城。它在夢中象徵金錢、財物等東西。拿著土壤回家，就是在暗示獲得金錢、財產。

．被埋入土壤

被埋入土壤跟埋入財物同義，也就是暗示獲利。不過，被埋入土壤以後，感覺到喘不過氣來的話，那就暗示困難或者不安。有時也指生產時精神方面的外傷。

隧道

黑暗的管狀隧道，是典型的產道象徵。有時也暗示腸管的異常。

．進入隧道

想窺視潛意識的世界，或者想逃避某一件事情。

．從隧道走到明亮的世界

暗示從潛意識到意識的境界。迷惘消失，展望復現，生活能夠獲改善。

·從隧道走到別的世界

如果那個世界像花園一般美麗的話，很可能在暗示死亡。如果那兒是很航髒的地方，則暗示夢者將進入苦境。

·在隧道裡徘徊，老是走不出來

暗示還沒找到解決之策略，或者腸部有障害。

右與左

在夢中左右被對比，左右很強烈地留在印象裡面的話，右表示「正、陽、男性、意識、積極性」，左則表示「負、陰、女性、潛意識、黑暗、消極性」等等。

你就從夢中人物的位置判斷，他位於你的左邊或者右邊，以決定吉凶吧！

·右邊的人物

暗示正確的意見、援助者，以及有理性的判斷等。

・左邊的人物

暗示錯誤的意見、妨害者、感情用事、本能性的判斷等。

・右手

暗示著正確的選擇，基於常識或者理性的想法及決定，以及援助的手。

・左手

象徵著錯誤的選擇，非常識的衝動性的想法及決定，以及背叛等。有時也暗示自慰的手，做一些壞事的手。

腿・腳趾

腿乃是支撐身體，把人運到各種地方的道具。正因爲如此，它象徵著基礎、工作、計畫、車子、旅行、佣人，或者部下等。

・很強壯的腿，形狀好的腿

象徵強烈的自信、牢固的基礎。在社會上獲得成功，滿足的愛情，以及快樂

的旅行等。

·**細瘦的腿**

缺乏牢固基礎的人生，或者象徵不可靠的計畫。如果預定要旅行，最好把計畫仔細地考量一下。

·**浮腫的腿**

夢到浮腫的腿時，請留意疾病的來襲。

·**傷及腿部，血流如注**

象徵幸運就要來臨，甚至可能富貴起來。

·**傷及腿部，使它浮腫**

暗示將發生叫人傷心事情，或者部下、佣人的錯誤招致損失。有時也表示在旅行時發生車禍或疾病。

·**折斷腿骨**

象徵計畫的挫折，車禍。

·膝蓋受傷

收入中止，工作不順利。夢到不能走路的話，則表示不久後會失去職業。

頭·額

象徵意志或者思考等的精神活動，有時也表示夢者自己的雙親或者祖先。在一般情形下，我們在夢裡不會意識到頭部。只有在夢到頭痛，頭部變成異樣，或者被毆打頭部時，方才具有某種的象徵。

不過，頭部有疾患，或者有偏頭痛的人，時常會夢到有關頭部的夢。這時，與其去注意夢的象徵，不如快一些去治療頭痛。

·頭疼

跟病患沒有關係的場合，不外表示好事將來臨。像升職、願望的達成等等。

·變形的頭

象徵頑固，一意孤行，非常識性的想法等，精神方面的缺憾。

・頭上長角

象徵對某人感到不滿、憤怒，或者跟某人爭執。

・額頭變大，發出光輝

暗示著將獲得權勢或者富貴，尤其是額頭發出光輝的事，是很大的吉兆。

・額頭變狹窄

暗示權勢或者富貴會喪失。

・額頭受傷

暗示將發生麻煩或者叫人勞心的事情。

・頭部被打，或者撞到某種東西

如果沒有跟病患連結的話，那就是在警告現在的生活，或者想法有了錯誤，或者將被捲入某種的是非裡面，必須特別的注意。

蛋

夢到蛋是吉祥的前兆，因爲它象徵著可能性、發展性，以及再生。有時也象徵著結婚。在這以前，運氣一直很不好的人，在夢到了蛋以後，運氣就會日漸的好轉。

·看到蛋

夢中看到蛋的場合，象徵著圓滿的家庭、家族增加，或者做事都很稱心如意。

·手裡拿著蛋

象徵幸福來臨，事事都能帶來利益。

·吃蛋

有很多的「可能性」。譬如陳年問題獲得解決，也暗示著結婚的預兆。但是，吃的蛋太老，不好吃，或者一下子就破掉，蛋黃散亂，則是象徵障害的凶夢。

·手中的蛋掉下而破裂

暗示著運氣不好，本來做得好好的事情，中途變了樣，也暗示不和，反目成

仇。

種子

象徵以後會得到的成果，因此也隱喻著精子。

・看見種子

象徵正在計畫某一種事情，或者正在估計能夠獲得多大的成果。種子的種類是最重大的關鍵。如果是像精子等有用植物的種子，那就表示計畫會成功。如果是沒用處的雜草種子，那麼將得到的東西等於零。

・撒種

象徵能夠獲得良好的結果。但是，撒的種子也是最大的關鍵。如果是稻子等有用的種子的話，所能獲得的成果也很大。如果是類似雜草種子的話，雖然很努力，但是卻沒有什麼成果可言。

調味料

根據不同的調味料，所含的意義各不相同。

・砂糖

象徵著快樂的計畫、甜美的願望，有時在暗示著身體的健康將受損。

・鹽

舔鹽巴的夢，是表示健康、長壽，生意隆盛的吉兆。不過把鹽倒掉的夢並不吉利，因爲這種動作表示，好不容易要到來的好運，在中途被趕走了。

・吃很鹹的東西

暗示對自己的笨拙自責。有時也暗示見不得人的戀情、糾紛，或者腎臟、膀胱等的衰弱。

・醋

舔醋之夢，是一種警告。警告著生活方式或想法，太過於硬梆梆，缺乏柔軟

性。因爲會受到欺侮，所以請多多留意。製造醋的夢表示妊娠。別人給你醋的話，則暗示著某種消息會到達。

・醬油

舔醬油，或者用它來烹飪，暗示喜事就會來臨。有人送很多的醬油來，意味著將得到意料之外的錢財。

・香辛料

夢到種種的香辛料排列在一起的夢，暗示著喜事以及有利的事情將陸續來臨。想使用香辛料，而到處找不到的事，暗示著將過著很乏味的生活。

時鐘

時鐘本身並沒有什麼涵義，但是時鐘所指的時間（數字）卻包含著某種意義。有規則地報時的作用，則象徵著心臟。

・時鐘壞掉，產生了故障

作了這種夢而一向高血壓、動脈硬化，或者有心臟病的人要特別的注意。非常忙碌的人作這種夢的話，表示很想逃開「時間」的束縛。

·很在乎時鐘

象徵著對某種預定非常擔心，有時也暗示對心臟的機能感到不安。

·獲得一個很好的時鐘

暗示著計畫很順利的在進行。

雲

象徵著夢者身邊的氣氛、狀況。有時雲也象徵「運氣」的狀態。

·烏雲出來

暗示前途充滿了阻礙。不管做什麼事情都要非常的謹慎，如果想從事新事業的話，必須再把計畫仔細的檢討一下。有時也在暗示疾病。

·看到閃閃發亮的雲，被閃閃發光的雲所包圍

意味著明確的展望、健康，以及良好之狀態。

·站立在雲端

象徵飛黃騰達、出人頭地，以及意想不到的幸運會來臨。如果重病患者作這種夢的話，則暗示著病痛會加重，甚至死亡，是一種很凶的夢。

·從雲端掉下來

暗示基礎很不穩固，過度自信招致失敗。這也是一種警告的夢，暗示必須好好的自戒。

·五色的雲在流動

象徵事物的成就、幸運，或者出家修道。重病患者作這種夢的話，很可能是死亡的預兆，因此必須特別注意。

·雲快速的散開

雲快速的散開，天空變成很晴朗的話，表示心中所煩惱的事情或者障礙會很快的解決。如果雲緩慢地散開，表示事態只能緩慢的好轉。

·積亂雲

如果並非在夏天作這種夢的話，就暗示著——有一種叫人感到心煩的事情會很快的發生。但是它只是暫時性而已，很快就會過去。

冰

如果是預知夢的話，那表示危險的障害。如果是象徵夢的話，那就表示過度的自我克制，使心靈的成長受到了影響。

·自己受凍，被封入冰裡面

象徵著被冷酷的人所束縛，處於無法動彈的狀態，或者在表示跟別人斷絕，處於孤立，而精神方面很寂寞的狀態。作這種夢，不外是內心深處發出了求救的信號。

·在冰上滑倒

暗示被人扯後腿，或者象徵失敗、挫折、車禍。

・吃冰

暗示在健康方面亮起了紅燈。如果在冰上淋一層厚厚的糖漿再吃的話，危險的程度就更高。

・冰裂開而掉進河裡

暗示陷入困難的狀態。警告著——這以前的生活方式已經不適用了。

・冰溶掉而流走

這是一種吉夢，表示問題、障害等會「冰釋」。

面孔

在夢中，面孔很少單獨的被意識到。如果你很在乎夢中登場人物的面孔，那就是在象徵那一個人的運氣狀態。如果是面孔的顏色被強調的話，那麼，這一場夢很可能是對健康狀態的一種警告。

・很在乎某人的面孔

象徵這個人將發生問題，或者災禍、疾病。

・很有光澤的面孔

表示精神狀態、健康狀態良好。臉孔的光澤被強調的話，則象徵運氣轉好，權勢增加。

・浮腫的面孔

暗示運氣不好，精神狀態不良、不健康。臉孔浮腫，皮膚乾燥，缺乏生氣的面孔，很可能在表示這個人有成人病。

・面色鐵青

暗示這個人的身上將發生重大的異變，或者叫人感到驚訝的事情。病人作這種夢的話，可能在暗示肝臟機能的異變。

・面孔發紅

暗示這個人將發生車禍，或者碰到災難。如果是病人作這種夢，很可能在暗示心臟機能的異變，或者罹患了發熱性疾患。

·面孔發黃

土黃色的面孔，暗示著這個人的運氣將極度的惡化，也有可能陷入絕望的境地。如果是病人作這種夢的話，很可能是脾臟、膽囊、肝臟機能的異變。

·面孔發黑

看起來黝黑一片的話，表示耽溺於情欲。如果沒有光澤，看起來死黑色一片的話，意味著不幸的事情將發生。病人作這種夢的話，腎臟機能可能有異變。

·面孔發白

在夢中看到一張蒼白的面孔，暗示著將碰到某種叫人感到驚恐的事態。如果夢到的那一張面孔蒼白得離譜的話，則很可能是冥界的幽魂。作了這種夢以後，很可能會罹患呼吸器系的疾病，必須多多的注意。

身體

身體象徵心靈的全部、全體家族，或者工作全體。總而言之，它象徵著全體的東西就是了。如果上半身與下半身成爲明確對比的話，上半身象徵精神的領域，而下半身則象徵本能，以及心的動向。

・身體變得肥胖

作這種夢的人，暗示對疾病感到恐怖與不安。實際上有人作了這種夢以後，眞的罹患了某種疾病，因此最好去看一次醫生。

・身體變瘦

如果是年輕女人作這種夢的話，或許，只是「日有所思夜有所夢」而已，並不具有很大的意義。有時也表示勞累過度，最好休息一陣子。

・滿身大汗

不外是疾病、死亡的預兆，或者在暗示災害、車禍。

・從身體裡面流出膿或血

這是表示再生的吉夢，暗示運氣會大幅度轉好。

・肩上長滿了肉

這是吉夢。表示會快速的交到好運，也預示將來能夠過著幸福的生活。

・有成年人的身體，頭部卻只有孩童一般大小

暗示精神方面還未成熟，或者身心的平衡崩潰。

・有小孩兒的身體，頭部卻有成年人一般的大

暗示夢者很好強，事事都不認輸。有時也表示身心的平衡崩潰。

嘴巴

在夢中的嘴巴，象徵著生活力以及生殖力。在夢裡，上下總是相反地被表現出來，因此，上面的嘴也就象徵著下面的嘴，換句話說象徵著女性器。

同時，嘴巴也暗示著「家」。在這種場合之下，嘴裡的牙齒象徵著家族。

・巨大的嘴

寬大的女性器，象徵著貪欲的ＳＥＸ，或表示豐富的生活力，以及金錢、財產方面的利益等。有時，也意味著話太多，不宜太過自我宣傳。

・嘴變大

象徵勇猛地面對人生，財運很好。

・不能張開嘴巴說話

象徵著精力的衰退，疾病，或者在人際關係方面的失敗。女性作這一種夢的話，表示她不願和情人發生肉體的接觸。

・嘴裡長毛

幸運的預兆，表示喜事就要到來。

・蛇從嘴裡爬了出來

象徵著惡意的傷人言詞，以及損人的言詞。

心臟

象徵著最重要的東西、最重要的人、最愛的人。

・心臟在急速的跳動

象徵碰到叫人心跳的事情，也是戀愛的預感。

·失掉心臟，切開心臟

暗示失去重要的東西，或者苦惱、失戀。

·吃心臟

象徵高亢的愛，或者做愛。

國家圖書館出版品預行編目資料

學會精準解夢的一本書／佛洛二德著.
－－初版－－ 台北市：宇河文化出版；
紅螞蟻圖書發行，2003〔民92〕
面　　公分，－－(Easy Quick : 35)
ISBN 957-659-401-4 (平裝)

1.占卜　2.夢
292.92　　　　　　92017959

Easy Quick : 35

學會精準解夢的第一本書

作　　者／佛洛二德
發 行 人／賴秀珍
榮譽總監／張錦基
總 編 輯／何南輝
文字編輯／林芊玲
美術編輯／林美琪
出　　版／宇河文化出版有限公司
發　　行／紅螞蟻圖書有限公司
地　　址／台北市內湖區舊宗路二段121巷28號4F
郵撥帳號／1604621-1　紅螞蟻圖書有限公司
電　　話／(02)2795-3656（代表號）
傳　　眞／(02)2795-4100
登 記 證／局版北市業字第1446號
法律顧問／通律法律事務所　楊永成律師
印 刷 廠／鴻運彩色印刷有限公司
電　　話／(02)2985-8985 · 2989-5345
出版日期／2003年11月　第一版第一刷
　　　　　2007年5月　第一版第三刷

定價 220 元

ISBN 957-659-401-4　　　　**Printed in Taiwan**